2021 年广西科技计划"数字化科普资源开发与科普基地建设"，
广西民族大学出版基金资助。

自主探究物理实验

李耀俊　著

中国原子能出版社

图书在版编目 (CIP) 数据

自主探究物理实验 / 李耀俊著 . –– 北京：中国原子能出版社，2021.11
　　ISBN 978-7-5221-1745-4

Ⅰ . ①自… Ⅱ . ①李… Ⅲ . ①中学物理课—高中—教学参考资料 Ⅳ . ① G634.73

中国版本图书馆 CIP 数据核字（2021）第 246608 号

内 容 简 介

本书从培养"自主学习能力"的基点出发，以实验者为中心，以实践活动为中心，强调自主探究问题的意识和能力培养，设计的探究实验注重基础性、实践性、探索性、开放性等有机统一. 全书共四章，按照力学、电磁学、热学、光学的顺序编排，设计有多个探究实验项目，每个实验项目包含有趣味猜想、实验装置、原理探究等栏目，并配以大量的实验图像和示意图，突出基本实验方法、实验技能、实验思想训练. 本书包含经典实验内容，又涉及近现代实验项目，构建以基础性实验、综合性实验、设计和研究性实验为基础，从低到高、从基本到前沿，既体现科学的内涵、实验内容的更新，同时反映新技术、新方法、新设备等现代实验技术和手段。

自主探究物理实验

出版发行	中国原子能出版社（北京市海淀区阜成路 43 号 100048）
责任编辑	潘玉玲
责任校对	冯莲凤
印　　刷	三河市德贤弘印务有限公司
经　　销	全国新华书店
开　　本	710 mm × 1000 mm　1/16
印　　张	15.875
字　　数	284 千字
版　　次	2022 年 4 月第 1 版　2022 年 4 月第 1 次印刷
书　　号	ISBN 978-7-5221-1745-4　　定　　价　80.00 元

网　　址：http://www.aep.com.cn	E-mail:atomep123@126.com
发行电话：010-68452845	版权所有　侵权必究

前　言

物理是一门以实验为基础的自然学科，具有很强的科学性、趣味性、实践性、创造性．传统实验教学具有鲜明的"菜谱式"特点，实验教材会详细呈现实验原理、实验仪器、实验步骤、数据表格等内容，学生按部就班地进行操作，通过记录数据或计算测量数据，验证课本中的公式与理论．这种教学方式的特点是教材理论叙述简明扼要、具有整体逻辑性和个体分立性及指导性，强调科学知识的传授和实验技能的训练．

自主探究实验最大的特点是实验的自主性、探究性、开放性和灵活性，它营造宽松自由的实验环境和研究氛围，以兴趣和问题为导向．实验者需要自主选择实验项目和实验内容，查阅文献并设计实验方案，选择实验器材，完成探究过程，对结果进行总结分析．由于实验内容和方法具有开放性，探究深度具有灵活性，实验者通过自主探究活动初步掌握科学研究的方法，体验科学探究的乐趣，养成善于发现问题、独立解决问题的良好习惯和开放的思维方式，提高综合运用理论知识解决实际问题的能力．

本书从培养"自主学习能力"的基点出发，以实验者为中心，以实践活动为中心，强调自主探究问题的意识和能力培养，设计的探究实验注重基础性、实践性、探索性、开放性等有机统一．全书共四章，按照力学、电磁学、热学、光学的顺序编排，设计有多个探究实验项目，每个实验项目包含有趣味猜想、实验装置、原理探究等栏目，并配以大量的实验图像和示意图，突出基本实验方法、实验技能、实验思想训练．本书包含经典实验内容，又涉及近现代实验项目，构建以基础性实验、综合性实验、设计和研究性实验为基础，从低到高、从基本到前沿，既体现科学的内涵、实验内容的更新，同时反映新技术、新方法、新设备等现代实验技术和手段．

本书参考和引用了国内外众多文献资料与专著，在此向所有对本书给予支持与帮助的同仁致以衷心的感谢．

　　由于编著者的能力和水平有限，书中难免存在一些疏漏，恳请各位读者提出宝贵意见.

李耀俊

2021年8月

目　录

第一章

力学自主探究实验

【1】 自投罗网的小钢珠

趣味猜想

　　小钢珠会跳到位于其下方位置的杯子里面吗？钢珠跳杯实验器材简便易寻，将钢珠的自由落体运动、木板绕固定轴转动、塑料杯圆周运动这三种运动结合起来，得到意想不到的有趣结果.

实验装置

　　长约1 m的木板可绕垂直于纸面的轴转动，另一端不同位置固定一个塑料杯子和支架，把小钢球放置在支架上，见图1.1钢珠跳杯实验装置.

原理探究

　　用挡板把木板张开一定角度后，快速抽去挡板，木板绕固定轴转动，小钢球跳到此时位于其下方的固定杯子里面.

　　木板绕轴转动时，塑料杯跟随木板一起做圆周运动，小钢球失去支架的支撑后做自由落体运动，只要 AB、AC、CD 满足一定关系，小珠就会跳到塑料杯子里，见图1.2钢珠跳杯实验原理.

图1.1 钢珠跳杯实验装置

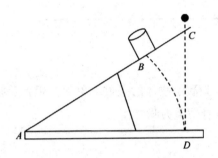

图1.2 钢珠跳杯实验原理

【2】 爱因斯坦玩具

趣味猜想

　　如何用简单的实验演示物体的失重现象呢？用弹簧拉着的物体，受到的拉力大小会等于它自身的重力吗？

实验装置

　　这个玩具由一个重球、一根弹簧、一根铜窗帘棍和其他常见的东西构成.

原理探究

　　铜球系于绳的一端，悬挂在一个金属杯之外，球可以贴切地置于杯上. 绳穿过杯中一个小洞，然后通过管子连在弹簧上. 装置固定在铜棍的一端，可以轻易地把它拿在手中，最后杯和球封闭在透明的玻璃球中. 如果弹簧很硬，它就会把球拉入杯中，但由于弹簧太软，不足以克服小球的重力，球只能挂在杯的外面. 要每次都成功地使球落入杯中，这就是挑战.

　　这件貌似普通平凡的器物贴有一个金色炫目的标签"爱因斯坦玩具"，见图1.3爱因斯坦玩具. 这个玩具是1955年3月14日爱因斯坦76岁生日时，普林斯顿大学教授艾瑞克·罗杰斯送给他的礼物. 拿住长铜棒的中间，将它举起直到球碰到天花板. 让它落下，根据等价原理，球应该不受重力，这时弹簧的强度就足以将小球拉到塑料管的顶端.

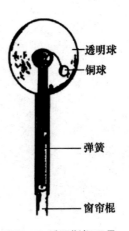

图1.3　爱因斯坦玩具

以下实验装置探究曲线运动的超重和失重现象. 固定支架包括长方形（500 mm×250 mm）木制底盘、三根铁立柱（500 mm），旋转装置包括滚摆、横杆和两根长度不小于400 mm的蜡线，长600 mm的光滑轻质杠杆1根、1个条形框（杠杆左端插入其中）. 杠杆与支架间用粗的蜡线固定，钩码挂在杠杆左端的固定铁钩上. 安装好实验仪器，调节钩码的位置和个数，使杠杆平衡. 把滚摆线卷到适当高度，用手托住滚摆使杠杆另一端稳定在平衡位置. 迅速释放滚摆，观察杠杆左端上下运动情况. 忽略各种摩擦力和空气的阻力，见图1.4曲线超重与失重实验.

作为一个简化的设计，我们设计如下物体失重实验：将物体（如毛绒小球）通过弹簧连接后悬挂在一个塑料杯的边缘，用细杆将杯子底部固定，手拿细杆举高一定的高度，然后松开手释放细杆，观察重物的运动状态. 可以发现原来在杯子外边的物体，最终落入到杯子里面了.

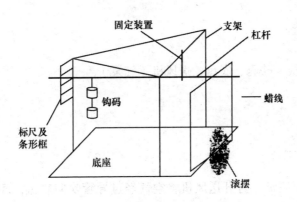

图1.4　曲线超重与失重实验

【3】 伯努利原理

趣味猜想

　　用力向1片平板吹气，是否会将板子吹走？为什么用力越大效果越不明显？

实验装置

2片圆形平板、砝码、底盘、送风机（气泵）.

原理探究

　　砝码吊挂至底盘，打开送风机将空气经过导管吹向底盘，底盘及砝码被吸起，负重最高可达1.5 kg. 高度相同（$h_内=h_外$）且$v_外=0$，两平板内气体流速变大，气体流过区域的压力降低，外界的空气压强大于器壁内部，将底盘向上吸起，见图1.5伯努利吸力实验.

　　当一种介质（如空气）迅速流过一个物体时产生负压，伯努利吸盘是伯努利原理在自动化技术领域中的一个应用. 该技术适用于易损工件的抓取，如太阳能电池生产所需的超薄半导体晶片. 当压缩空气进入工件吹向硅片，由圆盘中心沿径向迅速扩散，使得硅片上部的气流远高于下部，硅片被牢牢地吸住. 压缩气体通过工件与吸盘之间留有的间隙排出，即使硅片表面存在凸起的栅线也不能摆脱被吸附．非接触式抓取不会对电池片造成损伤，接触面积大且受力均匀，有效降低碎片率．

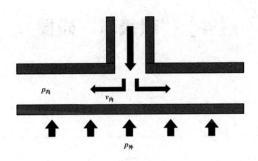

图1.5　伯努利吸力实验

以下是采用一些生活中常见器材开展的伯努利实验，现象生动有趣，适合动手探究操作．用一个开口比乒乓球略大的塑料圆筒靠近托盘上的一堆乒乓球，启动电吹风后对着塑料管的上端吹风，盘子里的乒乓球一个个被吸进塑料圆筒并快速地发射出去．这是因为圆筒上部有高速气流通过，和圆筒底部静止的空气之间形成很大的压力差．乒乓球被底部的高气压推进圆筒，朝圆筒顶部的低气压飞出去．用吹风机对着两个气球中间吹气，气球不会相互离开，反而紧紧地贴在一起．这是由于吹风机吹气时，两个气球中间的气压变小，气球被内外气体产生的压力差而挤压在一起．

【4】"超级球"碰撞

 趣味猜想

　　一个篮球或者乒乓球从高处静止释放，自由下落，与地面碰撞后向上反弹，反弹高度不能超过释放时的高度. 2个弹力球、3个和4个质量不同的弹力球叠放在一起自由下落，情况会怎样呢？

实验装置

　　2个大小相等的弹力球、4个质量相差较大的弹力球、拍照手机或照相机.

原理探究

　　将两个等大的球A、B沿竖直方向叠放在一起，将它们从高处自由释放，观察它们与地面碰撞后的反弹情况，利用拍照手机或照相机拍摄图片，测出每个球释放的高度和反弹高度，见图1.6双球落地实验.

　　两个质量不同的球沿竖直方向叠放在一起，小球放上面，大球放下面，将它们从高

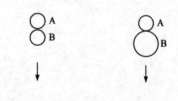

图1.6　双球落地实验

度H_0自由释放，不计碰撞过程的机械能损失，大球质量远大于小球质量，则由碰撞过程中动能守恒定律和动量守恒定律可以得出，大球与地面相撞后，小球反弹速度V是两个球着地时速度V_0的3倍，小球反弹高度H是释放高度H_0的9倍.

　　选择大、中、小三个质量相差较大的弹力球沿竖直方向叠放在一起，小球在上面，大球在下面，将它们从高处自由释放，重复进行落地碰撞实验，见图1.7多球落地实验. 不计碰撞过程的机械能损失，大球的质量远大于小球的质量，则球与地面相撞后，小球反弹的速度V是三个球着地速度V_0的7倍，小球反弹，高度H是小球释放时高度H_0的49倍. 如果将n个质量不同的球沿竖直方向叠放，小球放在上面，大球放在下面，不计碰撞过程中的机械能损失，且大球的质量远大于小球的质量，则球与地面相撞后，小球反弹的速度V与球着地时速度V_0的关系为$V_n=(2^n-1)V_0$.

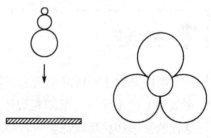

图1.7　多球落地实验

　　取一支塑料试管，内盛1/4容量清水，用手捏着试管离桌面3～4 cm高，松开手指后试管会垂直下落. 若桌面很坚硬，塑料试管会和桌面发生弹性碰撞，此时观察碰撞过程中试管液面的变化：原先是凹形弯曲的水面，碰撞后水面变成平面，在液面中部可以清楚地看见一股水流向上射出，这股水流分裂成许多小水滴，溅得最高的小水滴达到的高度超出试管下落前管口的高度，见图1.8水滴碰撞. 这是因为塑料试管与桌面发生弹性碰撞，试管中的水能量进行重新分配，尤其是液面曲面的中心. 这部分水获得足够能量，以较高的速率向上射出，分裂成许多小水滴. 这个简单的实验原理被用于枪弹制造，在枪弹中用一些金属薄片排列成凹形腔，炸药爆炸时的爆炸力会部分集中，压缩这些金属片而形成一股细金属流.

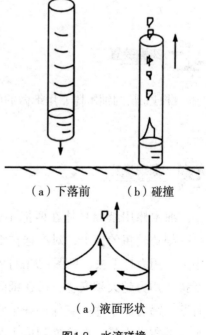

（a）下落前　　（b）碰撞

（a）液面形状

图1.8　水滴碰撞

【5】 反常的惯性现象

趣味猜想

　　惯性是物体保持静止状态或匀速直线运动状态的性质，如果用力击打挂在纸圈上的木棒，是纸圈断裂还是木棒断裂呢？装水容器随小车向右运动，悬挂的铁球和乒乓球都会向着同样的方向运动吗？用力敲打大力士身上的石块，大力士会受伤吗？

实验装置

　　1根1 m长的细木棒、用纸做的两个纸圈、两把小刀、盛水容器.

原理探究

　　细木棒用纸圈悬挂在两把小刀的刀刃上面，找一根比较粗的棒子，对准挂在纸圈上的木棒正中央，用力打下去，见图1.9击打木棒. 纸圈不会断掉，用力越大越安全，吊在纸圈上的棒子会被打断. 吊着的木棒一直保持静止状态，快速击造成的震动力量，在传递到棒子两端之前，棒子

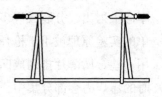

图1.9　击打木棒

已经断了.

　　一个大力士躺在地上或长凳上，两名助手把一块大石头抬起来压到他的身上. 一名助手挥起大铁锤猛力击打大石头，大石头应声而断，散落在大力士身旁. 就在观众惊奇的赞叹声中，大力士安然无恙地从地上蹦起来. 质量很大的物体，受到外力作用时保持原来的状态不容易改变. 石头压在大力士的肚子上，用力捶打石头，石头保持原来的静止状态，不会进一步向下压迫肚子，肚子没有受到附加的压力作用，大力士当然没有什么危险. 这个惊险的节目，选择的石头要容易断裂，厚度在10 cm左右为宜，质量一般不超过150 kg. 开石的方法也有讲究，当人抡起铁锤时用力要有所控制，击打到石面后迅即收力. 观众感到掌锤之人用尽全身力气将锤砸下去，那只是虚张声势. 大力士也要恰当用力，在锤子落下来之前应凹腹挺胸.

　　把一根光滑的小木棍放在两个食指上，缓慢地向中间移动两个手指. 两个手指不能同时移动，只能交替进行，直到两个手指并拢. 两个手指碰到的地方正好是小木棍的重心. 小木棍既不会向任何一端倾斜，也不会掉下来. 两个手指分开的时候，离小木棍重心近的手指负担的压力以及摩擦力比较大，不容易移动；离小木棍重心远的手指容易移动，但移动一段距离后，距小木棍重心比另一个手指近，负担的压力和摩擦力增大，不能再移动. 两个手指总是交替移动，直到在木棍的重心相遇.

【6】 笛卡儿浮沉子

 趣味猜想

　　玻璃瓶里装满水，里面的物体浮沉子没有和外界接触，但是却能够听从指挥，自由地上浮或下沉，这是哪种魔力在控制物体的运动呢？

 实验装置

　　玻璃瓶、可乐瓶、水、橡皮膜、浮沉子、胶塞、塑料管.

 原理探究

　　这个有趣的实验装置由法国科学家笛卡儿设计，能够实现物体自由下沉和上浮. 见图1.10笛卡儿浮沉子.

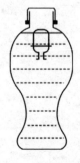

图1.10　笛卡儿浮沉子

以下是两个简单的制作方案，往小玻璃瓶B内注入适量的水，将瓶B倒立并恰好能浮在瓶A的水面上．往瓶A内注水，直到瓶内的水溢出为止，小瓶B在瓶A内水面附近．用大拇指盖住瓶A的瓶口，避免瓶内水从缝中漏出来，大拇指用力向瓶A内的水施加压力，小瓶B自动下沉到水底，将手指松开，沉在水底的小瓶B重新浮到水面．取一只无色透明的可乐瓶和玻璃小瓶，往可乐瓶内注满清水，用烧杯往小瓶注入适量清水．用大拇指盖住小瓶的瓶口，将小瓶倒过来小心放到可乐瓶内水中，小瓶恰好能浮在可乐瓶内的水面上．用铝盖将可乐瓶旋紧，可乐瓶不能有丝毫漏气．用大拇指和其余手指拿住可乐瓶，用力挤压可乐瓶的瓶壁，小瓶从瓶口自动沉到可乐瓶的水底，一旦将手指松开，小瓶又会从可乐瓶底浮上来．

以下是改进型的可以旋转的浮沉子，用内孔为4 mm的打孔器从胶塞的小头端面沿胶塞轴线打一深度约为17 mm的半孔，在距胶塞小头端面15 mm处，垂直轴线的方向上，用直径2 mm的钻头打一通孔，见图1.11塑料管切割．弯形塑料管的制作方法是把酒精灯点着，将2 mm饮料吸管的一部分放在酒精灯火焰上加热，边旋转边轻轻地拉伸成如图所示形状．将塑料管离开火焰，趁热弯成U形，冷却后定形，将U形管按图中虚线方向和位置剪成两个弯管，在两个弯管插入胶管的通孔中．在茶色玻璃瓶中放入一些水，盖上弯管胶塞，将胶塞向下放入水杯中，调节小瓶中的水量，使小瓶底露出水面大约3 mm，见图1.12旋转浮沉子．

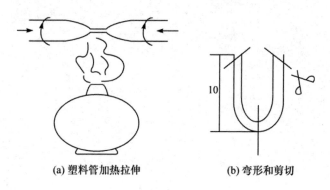

(a) 塑料管加热拉伸　　　　　(b) 弯形和剪切

图1.11　塑料管切割

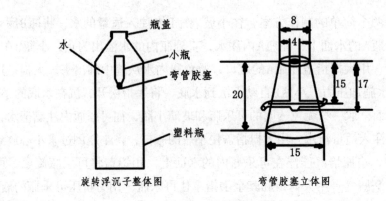

旋转浮沉子整体图　　　　弯管胶塞立体图

图1.12　旋转浮沉子

　　将调节好水量的浮沉子放入装满水的塑料瓶中，把瓶盖盖好拧紧．用手捏塑料瓶的侧壁，水从小瓶的弯管被压入小瓶中，增加小瓶的整体重力，当重力大于浮力时，小瓶下沉．当手松开时，水从弯管喷出，由于反冲作用，浮沉子可以旋转．

【7】 飞机升力的认识误区

趣味猜想

有人说机翼是飞机的巨型翅膀，因为机翼上、下表面形状不对称，气流沿机翼表面流动形成的压力差提供飞机向上的升力，这种说法正确吗？

实验装置

飞机升力演示仪、电风扇.

原理探究

打开电扇开关，让气流流过机翼，模拟飞机向前飞行，见图1.13飞机升力演示仪. 观察两种形状机翼的不同运动情况：流线型机翼向上升起，平直机翼纹丝不动. 模拟流动空气的出口与机翼调整好一定的方向和角度，否则现象不明显.

长距理论（longer path）可谓流传最广泛、影响范围最大的错误观点，也称等时理论. 长距理论认为气流在机翼前段被分为上下两部分，最后在机翼尾部汇合. 机翼上下表面形状不对称，气流沿机翼上表面运动距离更长，流速更快，产生压强更小，机翼上下表面的压力差提供飞机的升力，见图1.14长距理论.

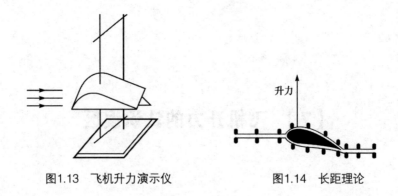

图1.13　飞机升力演示仪　　　　　图1.14　长距理论

　　长距理论片面简单地应用伯努利原理，强调机翼上下表面形状的差异产生升力. 虽然早期飞机翼面是弯曲的，顶部有更长的距离，但是上下表面对称的机翼并不罕见. 例如，飞机发展史上曾经采用的平板机翼，战斗机设计为对称的菱形机翼，现代飞机采用超临界翼型，下表面比上表面更长. 根据长距理论假设，越过机翼上下表面的气流在机尾汇合，据此计算气流上下表面的速度差，利用伯努利方程计算升力大小. 升力数值比实际观测值小得多，无法支持飞机的飞行，大型风洞实验也表明机翼上下表面的气流不会在机尾汇合.

　　漂石理论（skipping stone）强调升力来源于空气对机翼底部的反作用力，就像儿童在湖边玩打水漂游戏，石子快速滑过水面，排开水体而获得反向作用力，石头重新离开水面，见图1.15漂石理论. 飞机在飞行时不断向下推开空气，依靠反作用力获得向上的升力. 漂石理论片面强调机翼下

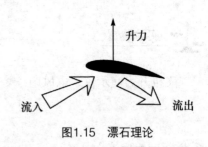

图1.15　漂石理论

表面与空气相互作用，假设所有的升力都由下表面产生，机翼上表面的影响可以忽略，上表面形状变化也不会改变升力大小. 机翼的顶部并不是真空区域，空气分子在机翼上下表面处于永恒的随机运动，分子对机翼上下表面都有作用力. 最典型的例子是扰流板，飞机着陆时机翼上表面的扰流板打开，下表面毫无变化，上表面形状改变也不大，但是可以减少飞机一半的升力. 根据漂石理论，考虑空气密度、实际空气流量等参数，计算机翼产生的升力，得到的结果不足以支撑飞机飞行. 漂石理论忽略流体的物理性质，否认飞机升力由运动的流体产生，飞机所有部分都可以使流体偏转.

　　漂石理论也有其价值. 在某些特殊飞行状态下，飞机速度非常高，空气密

度非常低, 很少有空气分子能撞击机翼的上表面, 漂石理论给出了非常精确的预测. 例如, 航天飞机重返地球大气层的早期阶段, 高度超过80 km, 速度大于16 000 km/h速度 (高超音速). 但是大多数正常飞行情况, 飞机在11 000 m高空, 速度为800 km/h, 漂石理论就不准确了.

文丘里理论 (Venturi theory) 称连续性理论, 认为机翼上表面类似一个文丘里喷嘴, 根据质量守恒原理, 同一个流管截面积越小, 流速越大; 截面积越大, 流速越小, 见图1.16文丘里喷嘴理论. 低速流动的空气可看成理想流体, 由于机翼有一定

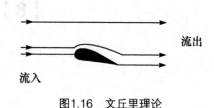

图1.16　文丘里理论

的正迎角, 上表面比较凸出, 所以上表面流线弯曲大, 流管变细, 流速加快, 压力减小. 下表面流管变粗, 流速减慢, 压力增大, 导致机翼上下表面出现压力差. 文丘里理论只涉及机翼上表面的压力和速度, 忽略下表面的形状. 它错误地假设流体的收缩产生速度场, 只要两架飞机的机翼上表面相同, 任何形状的机翼下表面都会产生相同的升力. 机翼不是文丘里喷嘴, 也没有在机翼表面产生另一半喷嘴, 文丘里理论只能在二维环境中成立, 真实的机翼周围有大量气流被影响, 流管不会被压缩. 文丘里理论无法分析平板机翼产生的升力, 平板前缘没有对气流的收缩, 没有形成喷嘴. 根据文丘里理论计算升力数值, 也和实际测量的机翼升力不一致.

针对常见的升力错误理论, 如何进行科学合理的解释呢? 可以从流体偏转对飞机产生作用力的角度进行说明. 物体浸没在流体中, 流体分子和物体表面密切接触, 流体分子可以自由运动. 物体形状发生改变或运动, 都会导致流体方向发生变化或者偏转. 速度是矢量, 具有大小和方向, 当流体的速度大小和方向发生变化时, 根据牛顿第二定律, 速度变化产生作用力. 升力就是气流发生偏转而产生的, 升力可以由飞机各个部分产生, 但是绝大多数升力由机翼产生. 升力相当于这些压力在垂直于气流方向的合力, 阻力相当于这些压力在平行于气流方向的合力.

【8】 浮力实验

趣味猜想

物体浸没在两种不同密度的液体中，会发生什么现象呢？

小船上的物体沉入水中，小船的吃水线是升高还是降低？

天平左端放有装水的烧杯，手指伸入烧杯里，天平发生什么变化？

实验装置

矿物油、水、小球、泡沫、金属、玻璃容器等.

原理探究

当物体浸没在两种不同密度的液体中时，会发生什么现象呢？塑料小球在水中漂浮，在另一种矿物油中却下沉. 矿物油不溶于水，把它缓慢倒入水中，会漂浮在水面上方. 当小球漂浮在水面上时，把矿物油倒入容器中淹没小球，见图1.17两种液体中的浮力. 为了清晰可见，事先在水中滴入绿色染料，区分水和矿物油的分布. 实验结果是，小球依旧漂浮在水面上，它浸没在水中的体积却减少. 由于小球的上半部分浸没在矿物油里面，矿物油给小球施加向上的浮力，物体受力平衡后，小球受到水的浮力变小，浸没在水中的体积也减少. 通常情况下，漂浮在水面的物体暴露在空气中的那部分体积会受到空气对它的浮力作用．由于空气密度太小，标准状态下水的密度大约是空气密度的800倍，可以忽略空气浮力的作用影响．当物体处于两种不同密度的流体中，它们的密度差异不可忽略时，需要考虑两种流体产生的浮力作用．

　　塑料小船的舱内放有金属重物，漂浮在透明水箱中，记下此时小船的吃水线刻度，即船体浸没在水中的体积大小，见图1.18船中的重物．把重物沉入到水箱底部，小船受到的浮力减小，吃水线也降低．此时箱子里面的水位线如何变化？若重物在船舱里面，则小船受到的浮力等于船体与重物的重力之和．重物沉入水中，小船受到的浮力等于自身重力，重物受到的浮力却小于重力，箱子内的水位线会降低．本题还有一个简单的思路：金属小船漂浮在水面上，把小船沉入水中，受到的浮力减小，排开水的体积减小，箱子里面的水位线要下降．如果把金属替换为密度比水更小的塑料或木板，将塑料投入水中，水箱的水位线保持不变，系统前后两次受到的浮力不变．

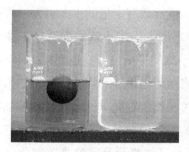
图1.17　两种液体中的浮力

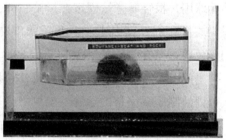
图1.18　船中的重物

　　泡沫上方固定一个金属块，漂浮在密闭水箱里面，见图1.19泡沫与金属．把泡沫翻转过来，金属块浸没在水中，泡沫不会下沉，但是箱子的水位线如何变化？把泡沫与金属块看成一个整体，系统前后两次都漂浮在水面，排开水的体积没有改变，因此水位线将保持不变．

　　左端放有装水的烧杯，天平保持平衡，见图1.20天平的平衡．把手指缓慢伸入烧杯的水里，天平将发生什么变化？仔细观察现象，手指伸入水中，烧杯里的水面上升．根据液体压强公式，水作用在烧杯底部的压强增加，作用力加大，烧杯端会下降．考虑浮力作用，水对手指施加向上的浮力，根据牛顿第三定律，手指对水施加向下的作用力，天平不再保持平衡．如果烧杯装满水，水面漂浮一个冰块，冰块最终融化时，烧杯里面的水会流出来吗？天平还会保持平衡吗？当冰块漂浮在水面时，冰块的重力与水施加的浮力相等，等于冰块浸没在水中的体积 V_1 排开水的重力．冰块融化时，变为水的体积正好是 V_1．因此，水不会流出烧杯，天平保持平衡状态．

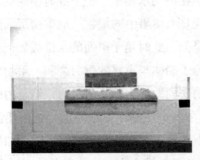 

图1.19　泡沫与金属　　　　　　　　图1.20　天平的平衡

乒乓球用一根轻质弹簧固定在量筒底部，量筒装有定量的水．另外一根弹簧连接量筒，固定在铁架台上．乒乓球漂浮在水面，连接小球的弹簧处于伸长状态，用黑色胶带贴在量筒的外壁，标记此时小球的平衡位置，见图1.21振动的乒乓球．把量筒提升一段高度后松手释放，它将做简谐振动．用数码相机拍摄实验现象，可以清晰观察完整的过程．当量筒越过平衡位置向上运动时，它的加速度向下，根据物体超重与失重规律，量筒中水的加速度向下，水处于失重状态，乒乓球排开水的重力减小，受到水的浮力也减小．忽略乒乓球的视重变化，水的浮力与弹簧拉力平衡，弹簧收缩而减小弹力，把小球向下方拉动．量筒向下移动，它的加速度向上，水处于超重状态，小球受到浮力增加，连接小球的弹簧被拉长，小球向上移动．小球与量筒处于反相运动状态，小球运动方向和量筒的加速度方向一致．虽然水对小球存在黏滞阻碍作用，但是它的效果很小，延迟乒乓球的运动反应时间．

图1.21　振动的乒乓球

【9】 帆船逆风行驶

趣味猜想

　　帆船能够借助风力来航行，但能够做到逆风航行吗？帆船如何在逆风状态下逆风前行，逆风前行时的受力特点怎样？如何才能使帆船在逆风前行中获得最大的速度？

实验装置

　　水盆、小帆船、平衡板、电风扇、玩具小车.

原理探究

　　船体装帆的槽AB、船体轴线O_1、O_2和风向的关系见图1.22逆风行驶. 平衡板装在船底轴线位置的槽中，用小水盆做实验，船体长70 mm，宽20～25 mm，厚10～15 mm；帆长65～70 mm，高20～25 mm；平衡板长70 mm，高50 mm，用锯片锯入船体5～7 mm，作为插帆和平衡板的槽. 把小型电风扇置于水盆前50 cm处，中等风速，将小船轻放入水中演示逆风行驶实验关键在于平衡板的作用，平衡板减小船体的横向漂移，降低船整体的重心，船易保持平衡. 船体露出水面部分小，船体得到顺风向力的作用，不易顺风漂移. 帆不能太高，否则船体易翻倒. 将玩具小车改成平板型, 减少迎风阻力, 帆长和高分别为60 mm和50 mm. 将小车放在比较光滑的水平桌面上, 用电吹风向帆水平吹风, 适当控制风速, 小车会向前移动. 由于小车的横向阻力较大, 只要风速不太猛烈, 小车就不会翻倒.

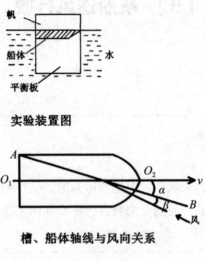

实验装置图

槽、船体轴线与风向关系

图1.22　逆风行驶

帆船在逆风前行过程中, 真实风速和航向之间的夹角是真实风向角, 帆船的实际速度和帆船中运动员所感知到的风速便是相对风速, 相对风速方向和航向之间的夹角便是相对风向角, 实际风速和帆船中运动员所感知到的风速是不同的, 帆船所承受的风力只和相对风速有直接的关系. 从水平剖面对帆船的结构进行分析可以看出, 帆船的直线部分叫作弦, 当帆船在逆风行驶时, 逆风会和帆弦呈现一定的角度对风帆进行作用, 帆前气流在与帆后气流进行汇合时需要经过更长距离, 帆前气流与帆后气流的流速有所不同, 压强差在形成后产生气动升力. 空气在围绕帆翼进行流动时, 会在垂直方向上产生气动升力, 还会在来流方向上产生相应的气升阻力, 气升阻力与气动升力的合力共同组成帆船逆风前进时的推进力.

帆船在逆风前行过程中, 风帆受到风力作用的方向不仅和风的方向不同, 在船头指向和航行方向也有所不同, 船纵轴线和帆船航向之间的夹角称为漂角. 由于帆船在逆风前行时的自身速度, 水流会绕着船体进行相对流动, 形成水动升力和水动阻力. 水动升力是和帆船的驾驶航向相互垂直的力, 水动阻力则是和帆船驾驶航向相反的力.

为了更好地利用风能，设计制作能够逆风行驶的逆风车，见图1.23逆风车.它从垂直于风向的螺旋桨获得能量，通过适当的传动装置传给轮胎，使得动力大于阻力，推动车逆风前进. 逆风车上方安装螺旋桨，在螺旋桨与轮胎之间装有传动装置.

螺旋桨每个叶片与风向的夹角都为α，风力提供叶片向后的力，同时给予螺旋桨旋转的力矩，螺旋桨的力矩通过一系列的齿轮等传动装置传给轮胎，见图1.24螺旋桨排列. 适当调整叶片半径和轮胎的半径，使力矩传给轮胎时产生大于风叶和车身受到阻力，即可推动车前进. 设螺旋桨有N个叶片，每片都为等腰三角形，高为A，底为B，轮胎半径为R，设计传动装置使螺旋桨的转速与轮胎的转速比为K，车身（不包括螺旋桨）与风向垂直的等效面积为S. 假设刚开始时车静止，速度为v的风从前方吹来，取$N=2$，$K=4:1$，$\alpha=45°$，$A=2R$，$B=R$，$S=R^2$. 小车正前方放电风扇作为风源，把小车正对着电风扇放置，小车自动逆风驶向电风扇. 如果风是侧面过来的或者是顺风，适当改造装置可以更容易地实现向前行走.

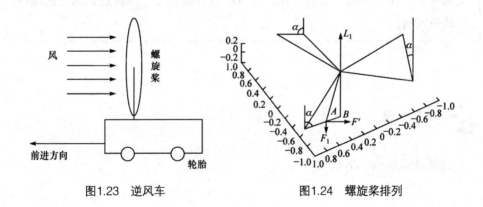

图1.23 逆风车   图1.24 螺旋桨排列

【10】 观察地球自转

趣味猜想

法国物理学家傅科研究空气对单摆的影响，他让单摆摆动起来，记下时间和摆动角度，过了一段时间发现单摆由左右摆动变为前后摆动．单摆没有受到外力，摆动方向怎么会变化？经过认真分析思考，傅科意识到这是地球自转造成的．

实验装置

金属球、细线、水盆等．

原理探究

1851年傅科在高大的巴黎万神殿半球形天花板，用一根76 m长的金属丝悬挂一个沉重的空心金属球．为了观察记录摆动平面的旋转情况，金属球下固定一尖针，下面放置一个大的沙盘，摆动过程中，尖针在沙盘上划出一道道的痕迹此即为傅科摆．傅科摆是用来直接验证地球自转运动的简单明了、形象生动的装置，摆线越长、摆球越重，实验效果越好．

以下简单的实验也可以定性说明地球的自转．取一个直径较大的盛水容器，放入适量的清水，用黑色记号笔在容器边缘顺时针方向每隔45°作一个标记．将其分成8等份，分别标为0°、45°、90°、…、315°．盛水容器置于平坦的地面，水面静止后，在水面轻轻放上一张指针状的小塑料片，让它的尖端对准0°，另一端指向180°．为防止外界各种因素的干扰，在容器表面盖上一块薄板．几小时后拿掉薄板，小塑料片沿顺时针方向转过一个角度．浮在水面的小塑料片没有转动，主要是因为水容器随着地球在北半球做逆时针方向转动，小塑料片相对地球是顺时针方向转动．

"水管"实验是1927年诺贝尔物理学奖获得者康普顿设计的，他给出既简单又方便证明地球自转的方法，见图1.25康普顿水管实验．康普顿首先设计1组实验仪器，将装满水的环形玻璃管固定在木杆凹口中，再用1个交叉杆支撑．将装满水的环形管置于垂直于地轴的平面上，如果让管的较高处相对于较低处向东运动，管以东西直径为轴很快转过180°，当管的较高处指向下时也会向西相对运动．但管里的这部分水仍保持最初的向东运动，可以通过适当的方法观测到．

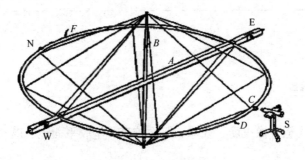

图1.25 康普顿水管实验

实验操作时，用内直径为1.3 cm的玻璃管弯成半径为99.3 cm的环，另一短玻璃管紧贴着橡胶管，螺旋夹钳塞进橡胶管以灌水和排水．用窄布条将环固定在作为水平轴的木杆A的凹槽处，并用细金属丝从交叉杆B的两端将管支撑加固．将A的两端做调整使其与环垂直，以便可以绕平行环的轴转动．杆两端挂在固定支撑物上，经过调整使轴水平．

傅科对地球自转的实验研究，第一次找到了地球自转的物理学实验证据．很多科学家重复傅科的实验，从动力学角度思考地球自转对洋流、大气、海洋、天气等自然现象的影响，对大气物理学的产生与发展起到了重要作用．

【11】 声音振动演示器

趣味猜想

声音是由于物体振动而产生的，但是声音看不见、摸不着．
能否利用激光的运动形式直观展现声音的产生与变化呢？

实验装置

低功率激光笔、橡皮筋、气球、双面胶带、塑胶平面镜、PVC管等．

原理探究

主要仪器是输出功率1～5 mW的低功率激光笔，常应用于教育教学、商务会议演示等，安全系数最高．其他材料包括橡皮筋、气球、双面胶带、塑胶平面镜、直径1.27 cm的PVC管、弯管、T形接头、直径7.62 cm的PVC排水管．

使用钢锯将光滑的7.62 cm的排水管切割成10 cm长的一段备用，用剪刀裁剪一块气球薄膜，绷紧后套在排水管一端开口处，形成可以振动的气球膜．用钳子切割一小块塑胶平面镜，可以是不规则的形状，面积不超过1 cm²．如果镜子表面有保护膜，就把它去除．在气球膜上粘贴双面胶带，最好固定在薄膜中央位置，以得到更好的实验结果．把塑胶平面镜贴在双面胶带的外侧，由排水管、气球膜、塑胶平面镜等构成的振动室就做好了.

使用钢锯或切割机，将直径1.27 cm的PVC管道切割成以下几种规格：2根长为3 cm的管道；1根长为5 cm的管道；3根长为12 cm的管道；2根长为50 cm的管道. 依据图1.26所示，把切割的PVC管、弯管、T形接头小心地套接起来，注意右边部分宽度较大，左边部分较为狭窄，有助于更好地固定和支撑振动室.

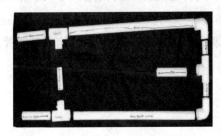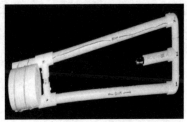

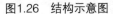

图1.26 结构示意图　　　　图1.27 实验装置图

如图1.27所示，将套有气球膜的振动室放置在2根12 cm长管道的左侧顶部，振动膜和平面镜朝向右侧狭窄区域，注意振动膜不能和T形接头顶部接触，以免影响气球膜的振动. 振动室开口端稍微超出12 cm长管道的末端，便于实验者嘴巴对准振动室开口端说话或吹气. 用几根橡皮筋把振动室固定在2根12 cm长管道上，将激光笔插入右侧中央的PVC管中，调整激光笔指向，注意不要把激光照射向实验者或其他人的眼睛. 发射激光对准贴在振动膜上的平面镜，T形接头允许管道和激光笔上下旋转，以达到有效调整光路的结果. 确保激光照射在塑胶平面镜的中心，在光屏上获得清晰可见的反射光斑. 作为其他的简化装置与设计方案，可以使用橡皮筋将50 cm长的管道拉在一起，帮助固定振动室. 或者省略T形接头，直接把激光笔插入到中间转孔的弯管接头上.

手持组装调试完毕的仪器，对准墙壁、屏幕、地板等，嘴巴靠近振动室开口端大声说话和唱歌，或者发出一些奇怪的声音. 改变声音的频率和振幅，看看墙壁上的光斑形成什么样的图案，探究光斑大小与哪些因素有关. 快速上下摆动设备，观察在墙壁上出现的波动图案.

人的嘴巴发出声音，大量运动的空气分子撞击橡皮膜，粘贴在橡皮膜表面的塑胶平面镜发生振动. 激光从振动的塑胶平面镜反射到墙壁上，光斑运动显示出振动规律和特点. 人发声的频率范围是85 ~ 1 100 Hz，反射光斑的运动变化范围较大，形成的波动图案更加复杂多变.

例如手持仪器对准振动室说话，通过镜面反射的光点由于镜面受迫振动将作往返运动．若光点运动的频率高于20 Hz，由于人眼的视觉暂停效应，光屏上会形成一条激光线段．快速上下摆动仪器时，塑胶平面镜会在水平方向（x轴）和竖直方向（y轴）同时振动，且两个方向的振动频率各不相同，反射的激光同时做相互垂直的两个方向振动．两个相互垂直的频率不同的简谐振动合成，当两个分振动的频率成简单的整数比时合运动具有稳定封闭的轨迹，形成利萨如图形（Lissajous Figure），早在1857年法国物理学家利萨如就对此现象进行详细研究．现代电工与无线电技术常利用示波器来观察利萨如图形，测定信号的频率或相位差．

【12】　脚踩鸡蛋

趣味猜想

　　用多个鸡蛋能够支撑1个成人的体重，鸡蛋碰石头，鸡蛋竟然不会破碎，鸡蛋真的有如此超级强大的承受力吗？

实验装置

　　鸡蛋、固定结构、砖头、橡皮管等.

原理探究

　　将固定件固定在架子上，用喷枪等加热固定件的圆头部分. 固定件被加热之后，把泡沫塑料按在上面，造出两个孔. 再用另一块泡沫塑料进行同样的加工. 用手将泡沫塑料孔中形成的线状毛刺除掉.

　　在泡沫塑料的下面铺上报纸，防止鸡蛋破损时把地面弄脏. 把6～10个鸡蛋细头朝上摆放，尽可能用足部柔软之处踩在鸡蛋上，扶着两侧的桌子把身体慢慢地加在鸡蛋上面，见图1.28脚踩鸡蛋.

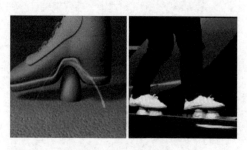

图1.28   脚踩鸡蛋

取4个大小相似的鸡蛋、一块薄木板、几块红砖和铁锤. 将鸡蛋上面和下面各垫一条折叠起来的手帕,将薄木板搁在鸡蛋上,木板中央放五块红砖,手持铁锤对准红砖猛砸下去,红砖应声而碎,木板下的鸡蛋却安然无恙.

准备一个漏斗和橡皮管,用橡皮管把漏斗连接在水龙头上,漏斗口向下. 右手把一个鸡蛋扶在漏斗内,左手打开水龙头,当水达到一定的流速时,放开右手,鸡蛋悬在漏斗中不会掉下来. 由伯努利原理可知,鸡蛋上面流体的速度大,上侧压强小,鸡蛋下面流体速度很小,下侧压强大,所以鸡蛋不会下落,漏斗颈的内径应选大一些的为好. 用右手托住鸡蛋,防止鸡蛋下落.

把煮熟的鸡蛋放在桌面上水平旋转,达到一定转速,鸡蛋会自己竖起来. 鸡蛋不仅能竖起来,在此过程中还会完成弹跳. 这看上去违反物理规律,因为鸡蛋的重心升高,整个系统的能量似乎增加,这个问题被称为熟鸡蛋悖论. 科学家分析认为,熟鸡蛋的部分旋转能量在蛋壳与桌面之间的摩擦力作用下转换成水平方向的推力,使熟鸡蛋的长轴方向改变,在一系列的摇晃震荡中由水平变为垂直. 在鸡蛋水平旋转的过程中,上下振动越来越激烈,当向上力产生的加速度等于重力加速度时,鸡蛋就会发生弹跳. 科学家模拟熟鸡蛋高速旋转的装置,用一个长轴为6 cm的橄榄状金属球代替鸡蛋,分析金属球坠落的声音和图像、铜制桌面电容的变化来跟踪它的运动过程. 当金属球以每秒25次的速度旋转时,开始旋转1.2 s,金属球就能竖起来,在此过程中它会弹跳6次. 弹跳高度最大为0.1 mm,在空中停留时间约为0.02 s.

【13】 九龙公道杯与倒流壶

趣味猜想

相传朱元璋定都南京建立大明王朝,有一天大宴开国功臣.朱元璋拿出一只酒杯斟酒赐饮,大将徐达把杯中酒斟得满溢,谁知刚端起酒杯,里面的酒却漏光了.其他大臣不斟满酒杯,就可以品尝甘醇.这种不能装满美酒的酒杯,到底有何奥秘呢?

实验装置

九龙公道杯、倒流壶、阴阳壶、塑料杯、吸管等.

原理探究

这种不能装满美酒的酒杯,名曰九龙公道杯.观察公道杯的结构图,向里面注水到达A点,此时液面最高点已经高过龙身内的最高点B,由于水压以及重力的作用,水会从高水位逐渐向下流动,最终从C流出,见图1.29公道杯.水在流净前,位置高于最低点C,总会保持一个水压差.利用手边的材料也可以制造一个公道杯.把饮料瓶的上部剪去留下杯体,用锥子在杯底中心部钻直径为5 mm的小孔.把软管弯折成U形,一段略短,一段稍长.将弯管的稍长段穿入杯底下的小孔，穿过杯底直至和杯的边缘相平，用胶将软管和杯底接触部黏合．往杯子里倒入水，不要让杯子里的水位超过软管的最高点，杯子里的水就不会流出来．一旦杯子里的水倒满，水就会通过软管并从杯子的底端流出．当杯中水低于或平齐于杯内软管端口时，水不能漫过弯管而泄流．当水超过软管端口时，水面高出弯管产生压力，通过虹吸而使水顺弯管流到杯外．

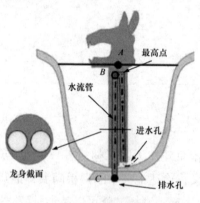

图1.29　公道杯

以下是用纸杯、吸管、热熔胶枪等制作的一个透明简易公道杯，如图1.30透明简易公道杯．

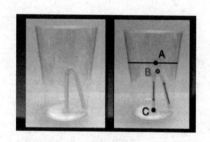

图1.30　透明简易公道杯

有件五代时期耀州窑青釉刻花倒流壶，壶嘴为子母狮造型，出水口即母狮张开的大口．壶下端饰有莲花纹，底部中心有五瓣梅花形注水孔．壶盖与壶身浑然一体，壶内有两个导管，一个连底部的梅花孔，另一个连壶嘴．灌酒时需将壶身倒置，将酒从梅花孔处注入，壶嘴溢出时表示注满．将壶身正置后，与梅花孔相连的导管可将酒隔开，达到滴酒不漏．倒酒时酒经另一导管从壶嘴流出，见图

1.31倒流壶内部构造. 耀州窑倒流壶1968年出土于陕西省彬县, 被鉴定为国家一级文物, 国家文物局2013年8月将其列入《第三批禁止出境展览文物目录》.

图1.31 倒流壶内部构造

将透明塑胶水管卷成数圈后放在桌面, 一端举高, 一端平放在桌面. 在高举一端注入水, 水会从桌面那一端流出吗？先简化这个实验装置, 将管子弯一圈, 同样从高处注入水, 可以看到管中水的形状是对称的, 因为两段水中的空气被水压缩而产生压力平衡, 两个开口端均处于大气压力之下, 见图1.32水管实验. 由此可推得, 不论水管绕多少圈, 中间各段的气体产生的压力平衡大气压, 水不会流出来. 若在漏斗端持续加水, 水会从漏斗流出. 因为管中的空气持续被压缩, 管中压力也持续增大, 最终大于水管外压力.

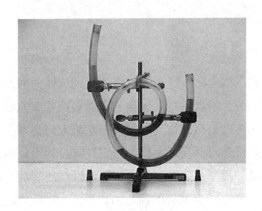

图1.32 水管实验

【14】 柯恩达效应

趣味猜想

空气、水等各种流体，沿着弯曲的物体表面流动，还会保持原来的流动方向吗?

实验装置

吹风机、乒乓球、蜡烛、纸条、金属片等.

原理探究

1935年"喷气式飞机之父"亨利·柯恩达发现流体的柯恩达效应：流体由偏离原本的流动方向，改为沿着它所接触到的弯曲表面轮廓流动. 柯恩达效应在生活中很常见，将一把汤匙的凸面靠近水龙头，水流方向会发生明显的弯曲，见图1.33柯恩达效应吹风机悬浮乒乓球实验，当空气流过乒乓球时，气体围绕乒乓球轮廓在球的表面移动一段距离后离开，由于气流做曲线运动，内侧的气体压强小于外侧的气体压强，产生指向圆心的向心力，见图1.34乒乓球悬浮. 根据牛顿第三定律，乒乓球受到向上的反作用力，与重力平衡后稳定悬浮在空中. 把乒乓球看成表面光滑且质量均匀的球体，气流看成理想流体，气流在小球周围形成稳定的流场，小球被限制在气流中央.

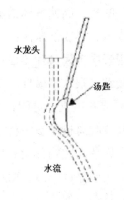

图1.33　柯恩达效应

图1.34　乒乓球悬浮

当吹风机倾斜小角度时，气流在小球周围形成流场，像一个斜坡，小球受到重力和阻力作用，依旧可以平衡. 但是倾斜角度过大，周围流场施加在小球表面的力小于重力在流场方向的力，小球无法保持平衡. 球面不同区域受到作用力大小和方向并非严格相同，这些力产生力矩，使得小球不停地旋转. 一些科普场馆利用高压气泵进行大型气顶球实验，将足球、篮球、沙滩球等物体悬浮在空中，甚至把几十个气球串联起来飘在空中形成壮观的气球风轮.

将一根点燃的蜡烛放在圆形玻璃杯或者酒瓶后面，在与蜡烛火焰相同高度的位置，隔着玻璃杯用嘴巴吹气，很容易吹灭蜡烛. 但是替换为一个宽度相近的长方体盒子，用铝箔把盒子包裹起来，盒子表面比较光滑，用力向蜡烛吹气，却难以吹灭蜡烛. 由于嘴巴吹出的气流无法直接到达火焰，气流要绕过障碍物才可以吹灭蜡烛. 当障碍物是圆形玻璃杯或酒瓶时，根据流体柯恩达效应，气流很容易绕过圆形物体表面继续前进，气流顺利熄灭蜡烛. 若替换为长方体盒子，盒子突出的棱角对气流运动产生较大的影响，柯恩达效应减弱，气流向盒子周围散开，只有极少量气流到达蜡烛火焰，因此难以吹灭蜡烛.

人们对吹纸条等流体实验存在认识误区，认为将一张小纸条放在嘴唇下方，往纸条上方水平吹气，纸条上方的气体流速比下方高，上方的气体压强更低，纸条向上飘起. 往两张平行下垂的纸片中间吹气，纸张中间部分的空气流速变快，压强变小，两张纸被大气压挤压靠拢. 在垂直的纸张右侧往下吹气，不会观察到纸张向右侧弯曲的现象. 单侧吹纸条实验. 吹纸条现象不满足应用伯努利方程的条件，纸片上下端的气体并不出于同一气源. 水平方向吹纸条，由于纸条下垂形成的弯曲形状，根据流体柯恩达效应，气体会偏离原本的水平流动方向，改为沿着纸张弯曲表面轮廓流动，通过黏性作用将周围空气挟带着向下游流动，嘴边压强降低，从而纸片升起．往两张平行下垂的纸片中间吹气，高速气体射流夹带周围的一部分气体向前流动，两纸张之间的气体压力降低，形成低压区．

以下金属薄片吹气装置是对纸条实验的改进．用轻质金属薄片（如铝箔）剪裁成两片下端向外突出的形状，薄片上端用丝线连接到一根水平横杆，金属片可以自由摆动，装置固定在铁架台上，最上端连接气泵或吹风机，见图1.35金属片实验．用手将左侧的金属片拉开一段距离，打开气泵或吹风机，空气将沿着如图所示箭头所示的路径流动，根据科恩达效应，右侧金属片向左侧移动．将两金属片自由下垂，打开气泵，两金属片会向中央移动．当它们靠近一段距离后，由于金属片之间区域的气体压强增加，排斥金属片而向外移动，如此周期运动使得金属片振动而发出声响，该实验可以作为声带振动的物理模型．我们的喉头里面有两条发声的声带，发声的动力器官在高级中枢神经的控制作用下产生一股呼吸气流，气流向外冲出时冲击声带，声带在气流的冲击作用下受迫振动而发声．

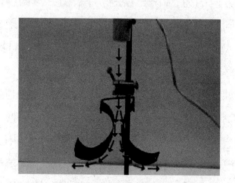

图1.35　金属片实验

【15】 马格努斯效应

趣味猜想

　　足球比赛中，以某个角度踢出足球，在空中飞行的足球会划出一道弧线，这被称为"香蕉球"．足球会拐弯的科学原理是什么呢？

实验装置

纸杯、橡皮筋．

原理探究

　　1852年马格努斯发现高速旋转的球在空中飞行时，轨道会发生弯曲．马格努斯效应在球类运动项目（如足球、乒乓球、网球、棒球、排球、篮球等）中都有应用．

　　将两个轻质杯子的底部黏在一起制作滑翔机，一根弹性带子缠绕在滑翔机的中心并抓住余下的自由端，见图1.36马格努斯滑翔机．握着滑翔机，拉伸带子的自由端，然后释放滑翔机，它一边自转又十分平稳地在空气中降落．虽然飞得不是很高，但从高空向下放飞依然能够平稳下落．改变杯子的长度和发射力度，在无风条件下杯子的长度增长，杯子的升力增大．杯子的半径越小，杯子的升力越小，且弹簧弹力越小，杯子旋转速度越小，升力也越小．当平动速度足够大时，空气阻力足够小，滑翔机保持滑翔很长一段水平距离．杯子水平速度越大，升力越大，杯子转速越大，升力也越大．

马格努斯滑翔机的原理是，当一个旋转物体的旋转角速度矢量与物体飞行速度矢量不重合时，在与旋转角速度矢量和移动速度矢量组成的平面相垂直的方向上将产生一个横向力，在这个横向力的作用下物体飞行轨迹发生偏转，见图1.37马格努斯效应．把马格努斯滑翔机当成一个圆柱体，圆柱体绕自身轴线旋转并且有流体垂直于轴线方向流过时，受到一个垂直于流动方向的横向力．

图1.36　马格努斯滑翔机

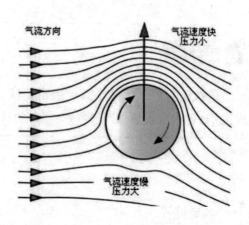

图1.37　马格努斯效应

在实验室也可以观察这种效应．把一个小直流电机驱动的旋转纸圆筒铅直地安装在轨道上的小车（或气垫导轨的滑块）上，用台扇在轨道的垂直方向对着圆筒水平地吹风，车子就会沿轨道运动．若风的方向与轨道呈某一个适当的角度，还可实现与帆船类似的逆风行走．

【16】 母子摆与蛇摆

趣味猜想

　　两个摆长相等的母子摆，子摆的振幅可以达到母摆振幅的 10 倍，看似违反单摆的振动规律. 15 条不同摆长的单摆固定于同一支架上，形成奇异的蛇摆，其中的原因何在？

实验装置

　　金属球、细绳、横杆等.

原理探究

　　用两个大小不同的金属球，两条长为40 cm的丝线，制成摆长相等的单摆. 大摆锤质量约1 000 g，称为母摆，小摆锤质量约10 g，称为子摆，子摆系在母摆下方，见图1.38母子摆. 把母摆推离平衡位置一段较小的距离再释放，在母摆振动的过程中，子摆逐渐振动起来，而且子摆的振动比母摆的振动强烈得多，子摆的振幅可以达到母摆振幅的10倍. 因为母子摆摆锤的质量相差很大，子摆对母摆振动的影响可以忽略. 从单摆的周期公式来看，母子摆的固有周期相同，母摆振动对子摆施有策动力，使之发生共振. 母子摆的摆长要相同，两摆的固有周期才相同，才能产生共振.

15条或10条不同摆长的单摆固定于同一支架上，推动单摆使其开始摆动，观察出现的变化情况，见图1.39蛇摆. 单摆的周期只和摆长有关，周期与摆长的平方根成正比. 蛇形单摆的摆长是规律性变小，因此所有单摆的周期也规律性变小. 从摆动的角度大小而言，摆动角度也是规律性变小. 开始摆动后，最初由于角度差异不大，而且是规律性的差异，看起来像是波动状态的蛇形摆动. 摆动多次之后差异性逐渐增加，看起来似乎是杂乱的. 继续摆动直到奇数、偶数单摆的角度分别达到整数倍数、半数倍数时，可以观察到分成两边的情形.

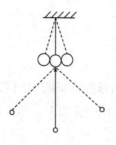

图1.38　母子摆

图1.39　蛇摆

蛇摆的尺寸设计见表1.1，摆球越多，蛇摆形成的曲线越细腻丰富，制作难度也随之增加. 较少的摆球制作难度低，表现力也相应变差，10~15个球较为合适. 如果选择更大尺寸，对降低调节难度有帮助. 最大摆长确定后，根据频率差依次计算出相邻摆球的周期和摆长. 计算使用的重力加速度要取当地的准确值，调好后如换到其他纬度地区使用，最好重新调节. 频率差宜选择0.03 Hz和0.04 Hz左右，较大的频率差使调节变得容易，但图形变化快，不容易观察现象. 较小的频率差可获得缓慢而细腻的变化，但精度要求更高，调节起来较困难. 用双线摆代替单摆实现一维摆动以便观察，摆球和摆线之间采用活动连接，2个悬点，其中一个固定，另一个与微调机构连接，调节机构可选用乐器（如吉他、提琴）弦钮.

表1.1　蛇摆的尺寸设计

n	L/cm	T/s	f/Hz
1	32.00	1.134 7	0.881 3
2	29.93	1.097 4	0.911 3

续表

n	L/cm	T/s	f/Hz
3	28.05	1.062 4	0.941 3
4	26.34	1.029 6	0.971 3
5	24.79	0.998 7	1.001 3
6	23.37	0.969 7	1.031 3
7	22.07	0.942 3	1.061 3
8	20.87	0.916 4	1.091 3
9	19.77	0.891 9	1.121 3
10	18.75	0.868 6	1.151 3
11	17.81	0.846 6	1.181 3
12	16.94	0.825 6	1.211 3
13	16.13	0.805 6	1.241 3
14	15.38	0.786 6	1.271 3
15	14.68	0.768 5	1.301 3

　　摆球宜选择密度较大的钢（铁）球或铅球，可以忽略空气阻力产生的影响．摆线应保证结实并且尽可能细，棉线不能同时满足演示效果和结实程度的要求，调节时易自我缠绕．尼龙渔线透明，保证演示效果和结实程度要求，调节时有轻微自缠绕．大力马渔线材料为PE（聚乙烯），保证演示效果和结实程度，无自我缠绕和记忆效应，效果最好．

【17】 物体的奇异平衡

点燃玻璃杯上的火柴棒，原先平衡的刀叉居然还能够保持静止状态，似乎没有受到任何外在因素变化的影响，其中的奥秘在哪里呢？

实验装置

泡沫球、叉子、小刀、铁钉等.

原理探究

泡沫球和叉子不会掉下来，因为泡沫球和两根叉子组合成一个平衡器，见图1.40物体平衡. 整个重心在平衡器垂直向下的线上. 根据杠杆原理，支点是在火柴棒靠近杯子边缘的地方，所以火柴棒能支撑整个重量，不会掉下去. 当火柴点燃后，火焰一直燃烧. 火焰靠近杯子边缘时，玻璃杯吸收火柴棒燃烧的热量，温度降低到火柴棒的燃点以下，产生阻隔作用使火焰自动熄灭，对于原来的平衡没有影响.

如何只用一根铁钉就举起8根钉子呢？木板垂直钉上一根铁钉，先将八根铁钉交叉排列在一根铁钉上，务必让铁钉头朝向中间，需要一左一右依序排列整齐，见图1.41举起铁钉．轻轻举起置于下方的铁钉，上方的8根铁钉成倾斜交叉站立．

图1.40　物体平衡

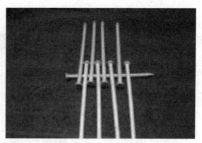

图1.41　举起铁钉

举起下方铁钉只需略微抬高即可，动作不要过快，且要水平举起，避免倾斜使上方8根铁钉滑落．把最后一根铁钉横放在8根铁钉上，最好能与下方的那一根铁钉头尾相反，且能平均压住那8根铁钉．缓缓水平举起上下两根铁钉，所有的铁钉也都跟着被举起来了．见图1.42铁钉受力分析，研究处于倾斜状态的钉子，受重力G、下方钉子的支持力F、上方钉子的压力F_1和F_2的作用，这些力的合力为零，且F、G、F_1、F_2的合力矩也为零，钉子能处于平衡状态．整体的重心在支撑点的下方，是一个稳定平衡，每枚钉子均处于平衡状态．

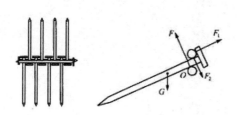

图1.42　铁钉受力分析

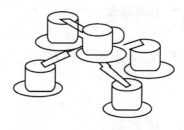

图1.43　刀子架桥

用刀子将桥架好，第5只杯子放在刀架上，见图1.43刀子架桥．每把刀子的两端都有支撑，这一点初看时也许并不明显．当中间加重物后，每把刀子都稍稍向下弯曲，直到应变正比于应力．向上与向下的力相等，摩擦力使得刀子不会向旁边滑动．

【18】 气球系列实验

趣味猜想

　　封闭塑料箱里面的气球运动似乎违反牛顿惯性定律，大小不同的两个气球用导管连接，并不会出现预料中的两个气球体积相同的情况，充有二氧化碳的气球可以形成特殊的声音透镜，这些看似反常的情况与气球有哪些内在的联系呢？

实验装置

　　气球、玻璃瓶、塑料箱等.

原理探究

　　气球主要成分为橡胶，还含有少量的硫化剂等成分，是典型的高分子弹性体，吹气球可以出现一些有趣的实验现象. 充有氦气的气球，用细线固定在透明封闭的塑料箱底部. 氦气密度比周围空气密度小，氦气球漂浮起来. 箱子加速向右运动，氦气球也向右移动；箱子向右做减速运动，氦气球向左方移动. 这种看似违反直觉的现象，需要同时考虑氦气球的惯性、箱子内部空气的惯性. 从惯性的角度来看，相同体积的空气质量大于相同体积的氦气质量，对它们施加相同的力，质量大的空气运动状态较难改变，质量小的氦气运动状态较易改变.

找一只带塞的广口瓶，在塞子上穿一根线，线的末端系一块泡沫塑料，把泡沫塑料放入瓶中，将广口瓶盛满水，塞上塞子后将瓶倒转，让塞子朝下，调节线的长度，使泡沫塑料块悬于瓶的中央. 快速向左移动瓶子，瓶里的塑料块向左跑得更快，立即碰到瓶壁上. 如果向右移动广口瓶，塑料块会立即向右运动而碰到瓶壁上. 向左移动瓶子时，瓶子有一个向左的加速度，瓶中的水会紧压在右壁上，泡沫块因密度小，不如水向右压得厉害，所以被水挤向左边，就像受一个向左的力而更快地向左运动.

在一个烧瓶中装有一定量的醋，气球里面装有少量的发酵粉，把气球套在烧瓶口. 将烧瓶放在天平左端，调节天平使其保持平衡. 将气球内部的发酵粉倒入烧瓶里面，发酵粉与醋发生化学反应，产生大量二氧化碳气体，气球体积也变大，放有烧瓶的左端会上升. 把气球和烧瓶看成一个研究整体，当气球体积增大时，它排开一定量的空气，空气对气球产生浮力，浮力向上，烧瓶作用在天平左端的力减少，放有烧瓶的左端会上升.

如图1.44气球体积变化，两个同样材质的气球，一个体积较大，另外一个体积较小，用导管将两个气球连接起来，气球体积将发生怎样的变化？实际结果比较复杂，多数情况下大气球会变大，小气球反而变小. 利用表面张力理论分析，气球由弹性材料制作，弹性材料越厚，则弹力越大. 气球被吹大后，弹性材料变薄，弹力变小. 球内气压等于外界大气压与气球弹性材料收缩而产生的压强总和，因此大气球的内部气压更小，小气球的内部气压更大. 两个气球连通后，气球内部压强要达到平衡，只能是气体向大气球流动.

图1.44　气球体积变化

对气球实验进行详细的研究，观察到三种不同的结果，给出定性的理论分析. 气球橡胶有独特的应力-应变特性. 膨胀的气球膜开始时应力随气球半径变化较快, 气体压强也增大; 中期变化较慢, 压强随之减小; 后期变化又加快, 压强再次变大.

充有二氧化碳的气球可以形成一种特殊的声音透镜. 由于气球膨胀后的几何形状, 以及声音在二氧化碳中传播的速度比在空气中的传播速度更小, 在这两个因素的共同作用下, 声音透镜对声波具有明显的会聚作用. 把声音透镜放到麦克风和扬声器之间, 声波被聚焦, 麦克风接收声音的声级提高, 示波器屏幕上能清晰地显示出来, 见图1.45气球透镜. 充空气的气球透镜, 由于气球内外的气体密度差异很小, 难以发生声音的聚焦; 充氦气的气球透镜, 由于氦气密度小于周围的空气, 能产生声波的发散现象. 为了得到较好的演示效果, 麦克风和扬声器之间的距离设为40 cm, 气球膨胀直径为20 cm, 声音的频率为20～30 kHz. 声音透镜对声波的会聚和发散效果与光通过玻璃透镜的现象十分类似. 凸透镜对光线有会聚作用, 因为光在介质中的传播速度小于空气中的速度.

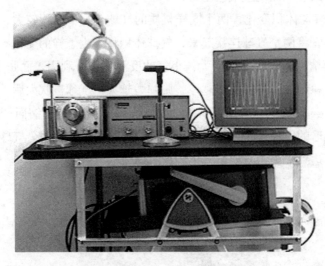

图1.45　气球透镜

【19】 沙漏与牛顿运动定律

趣味猜想

　　物体下落过程中，系统是否满足牛顿运动定律，能否出现物体的失重或超重现象呢?

实验装置

沙漏、电子秤、磁铁等.

原理探究

　　沙漏立于一个电子秤上，当沙漏中的沙子开始落下时，观察秤的读数变化，见图1.46沙漏实验. 当沙漏中的沙子开始落下时，落在半空中的沙子没有受到秤的正向力，秤的读数会减小. 当落下的沙子落到秤上时，沙子所带有的冲量转为秤的读数. 如图1.47沙漏超重与失重. 当沙漏中的沙子渐渐落完时，由沙子落下时所减少的读数会减小，但是落下的沙子所带的冲量没有同时减少，故读数会增加. 最后沙子全部落完，系统回到静止状态.

　　两台型号相同（精度为0.1 g）的电子天平1和电子天平2，分别置于升降台上和桌上，1个固定装置、1个升降台，见图1.48磁铁实验. 在固定装置上固定1块磁铁，在电子天平2放置1块铁块，记录此时两台电子天平的示数. 调节升降台将磁铁缓慢靠近铁块正上方，记录电子天平1和2的读数，将这几组数据减去初始，比较其变化. 实验数据表明，两台天平示数变化的绝对值始终相等，铁块对磁铁和磁铁对铁块的吸引力大小始终相等.

图1.46　沙漏实验

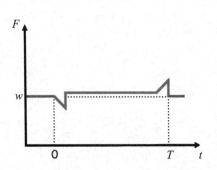

图1.47　沙漏超重与失重　　　　　　图1.48　磁铁实验

【20】 双锥体上滚实验

趣味猜想

　　俗话说："人往高处走，水往低处流．"双锥体却可以自动沿着斜面轨道向上滚动，这种反常现象难道没有违反能量守恒定律吗?

实验装置

　　双锥体、轨道、斜面、细沙．

原理探究

　　观察双锥体上滚实验，由于锥体和轨道的形状特殊，双锥体实验给人一种错觉：轨道一头高，另一头低，双圆锥体自动从轨道低端向高端滚动，似乎物体重心可以自动由低处移向高处．

　　如图1.49轨道模型，仔细分析系统结构，一头高一头低的是轨道，而不是斜面，滚动的是双圆锥体，不是圆柱体．轨道是八字排列，不是平行排列，高端距离大，锥体落在双杆中间重心低，而低端距离小，锥体在低端被双杆支起重心比在高端时还要高，故双圆锥体放在低端由静止自由释放时，锥体会慢慢向上滚动．

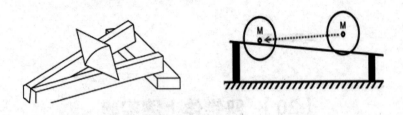

图1.49 轨道模型

以下用简易的材料制作一个双锥体,将圆形厚纸对半剪开,以圆心为顶点卷成两个圆锥体,用胶水粘牢.将两个圆锥体底部相接粘成为一个双锥体,把高度不同的两本书相隔一定距离放在桌上,书上架两根木筷或细棍,较高的一头比较低的一头略为撇开一些.把双锥体放在木筷靠近小书的一端,它会沿着轨道向上坡滚动.

将两只相同的空瓶分别灌满细沙和水,再将瓶盖拧紧,沙瓶和水瓶放在同一斜面上,谁会滚动得快一些?有三个相同的空瓶,第一个装满水,第二个装半瓶水,第三个不装水.将三个瓶子并排放在斜面同一高度处,同时释放,看谁滚动得快一些?有三个相同的空瓶,第一个装满沙,第二个装半瓶沙,第三个不装沙.将三个瓶子并排放在斜面的同一高度处同时释放,看谁滚动得快一些?

【21】 水火箭制作方法

趣味猜想

　　通常火箭依靠发动机喷射气体产生反作用力，推动飞行器向前或向上运动．利用水作为动力，制作的水火箭也可以飞到高空吗？

实验装置

　　600 mL可乐瓶、三号橡胶塞、自行车气门嘴、尼龙扎带、塑胶管（外径为40 mm，内径为36 mm，长为5 cm）、塑封包带、自行车手闸1套等．

原理探究

　　先在气管的出气口紧紧缠绕多圈塑封包带并固定好，在缠好胶带的气管套上皮筋，然后围绕气管将尼龙扎带插进皮筋套里，见图1.50水火箭结构．调节尼龙扎带在气管上的位置，使气门嘴与气筒气管出气口紧密接触，套上塑胶管约束尼龙扎带后，用强力胶水将它们黏牢．处理气管的出气口和进气口，出气口与水火箭的气门嘴相连，进气口与气筒相连．选择水彩笔笔管合适的一段，用剪刀剪下，使其在水火箭的气门嘴插进去时有一定阻力，起到固定连接接口的作用．

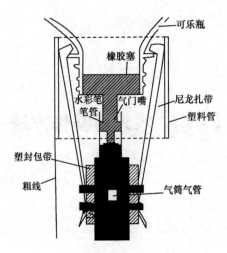

图1.50　水火箭结构

　　引发器的制作比较简单，主要由塑胶管和自行车手闸组成. 用剪刀在塑胶管一端约1 cm处间隔均匀挖3个小孔，并拴上粗线. 将自行车手闸装上木柄，把粗线的另一端固定在手闸有弹簧的一端. 将气管装置用几根尼龙扎带绑扎在铁架台的顶端，引发器安装在铁架台上，调节好后将手闸有弹簧的一端固定在铁架台上.

　　在可乐瓶（水火箭的动力仓）内装入1/3的水，用带气门嘴的橡胶塞塞紧瓶口，将水火箭倒置，插入彩笔笔管中，使气门嘴与气筒气管出气口紧密接触，把塑胶管提起，用塑胶管把尼龙扎带约束在瓶口周围，紧紧地卡住瓶口. 在气管的另一端接上气筒并打气，打气15下使得可乐瓶内气压达到0.8 MPa左右，通过自行车手闸系统远距离拉动粗线，粗线向下拉动塑胶管使其脱落，尼龙扎带失去束缚松散开来，由于瓶内气压的作用，瓶内的水冲开橡胶塞，向下高速喷出，水火箭高速冲向天空.

【22】 水滴悬停现象

趣味猜想

　　科技馆的魔幻水帘显示水能够从低处往高处流，甚至还能悬停在空中，这到底是魔术还是幻觉？

实验装置

　　水滴生成装置、频闪灯、信号发生器、计算机、手机、功率放大器、扬声器、频闪仪等.

原理探究

　　水滴悬停现象的原理是人眼视觉暂留效应，当物体快速移动的时候，眼睛看物体，物体的像投放在视网膜上，人眼的感光细胞形成需要一定时间，它不会立即消失.当物体离去的时候，物体的像会停留0.1~0.4 s.通过实验观察水滴悬停有两种方法，一种是实现人眼可见的"水滴悬浮"现象，另一种是利用相机拍摄录像，在视频中观察水滴悬浮现象.这两种实验方式的原理基本相同，都是使水流产生稳定的振动，当水流的振动频率与相机或人眼接收图像的频率相同或成整倍数时，接收到的图像将定位于水流振动周期中的固定相位上的水滴，通过视频或人眼看到的只能是水流中的某些点，看起来就如水滴悬浮一般．为了使水流产生振动，采用功率放大器来增强振动信号，通过扬声器产生稳定频率的振动，通有水流的导管固定于扬声器上，水流将相应地产生受迫振动．

　　实验需要的器材有信号发生器或计算机与手机、功率放大器、扬声器、频闪仪等，将信号发生器连接至功率放大器，再将功率放大器与扬声器连接，形成一个将电信号放大并转换为声信号的装置，见图1.51水滴悬停装置．导管与水龙头连接，用导管将固定器固定于功率放大器上，尽量不产生相对位移，以便产生稳定的受迫振动．频闪灯置于水流侧面，照射口对准水流．选择较为昏暗的环境，依次打开电源、信号发生器、功率放大器．将信号发生器信号强度调至最低，功率放大器功率调至最小以保护仪器．信号发生器调至50 Hz正弦波，以30～100 Hz为宜，信号强度（即波幅）缓慢增大，同时缓慢调节功率放大器来增强放大功率，调节过程中用手轻轻触摸导管，感受到明显振动即停止调节．此时打开频闪灯，将频闪灯的频率调节为50 Hz．打开水龙头，由小到大缓慢调节水流量，同时观察水流情况．当出现水滴悬浮现象时，可停止调节．

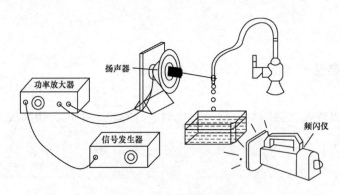

图1.51　水滴悬停装置

　　美国Simplistyk团队设计桌面摆件LeviZen，可以让水滴悬浮在空中．它的原理是位于两端的超声波发生器发出超声波后，在中间形成一个相对静止的区域．把水滴放在这个区域内，水滴就可以悬浮在空气中．虽然人耳不能听到超声波，但我们可以用眼睛安静地欣赏悬浮水滴的美．盒子上有3个开关，第一个用来控制电源；第二个用来打开底座上的两个LED灯，悬浮的水滴像夜空中最亮的星星闪闪发亮；第三个开关让水滴实现上升和下降．

　　如下图是用水管、可调节频率的振动仪、摄像机拍摄的有趣水滴悬浮实验.
打开水管使水滴向下流动,调节振动仪使得水管以24 Hz的频率稳定振动,摄像
机拍摄视频里的流水仿佛静止在空中,见图1.52水滴悬浮. 使水管以23 Hz的频
率稳定振动,水滴仿佛倒流回到水管里面,见图1.53水滴倒流. 使水管以25 Hz
的频率稳定振动,水滴加速向下流动,见图1.54水滴下落. 由于摄像机一秒钟拍
摄24张照片,连续播放就有了1 s的视频,帧率就是24帧. 当水流振动频率24 Hz
与摄像机的帧率相同,就可以录制静止的水流. 将水流振动频率调低到23 Hz,
水滴出现倒流的效果. 但是无论如何改变水流频率,录制视频的现场看水流都是
正常流动,不会出现倒流或者悬浮的状态.

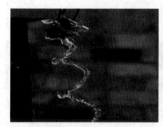
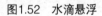

图1.52　水滴悬浮　　　　　图1.53　水滴倒流　　　　　图1.54　水滴下落

【23】 鱼洗的奥秘

趣味猜想

在鱼洗内盛满清水，手心用力摩擦两环耳，鱼洗发出悦耳的嗡嗡声，鱼洗的水面水波激荡. 手心施加鱼洗的摩擦力如何能使水珠向上跳跃呢?

实验装置

鱼洗、搪瓷脸盆等.

原理探究

鱼洗是我国古代的青铜器皿，外形类似现代搪瓷脸盆，最初供帝王祭祀天神或祖先. 双手有规律地摩擦环耳，摩擦产生的振动频率与鱼洗固有频率相同或相近时，发生共振. 鱼洗内壁的入射波与反射波形成驻波，见图1.55鱼洗. 对圆盘状物体来说，最易产生的驻波形式为4个波节和四个波腹，它们等距离地沿圆周分布，在波腹处巧妙地设计4条龙的口，波腹处的振幅最大，晶莹的水珠溅出，宛如4条龙口喷泉.

如下3个喷水模拟实验，用普通的搪瓷脸盆代替鱼洗. 在搪瓷脸盆内注入大半盆水，并在盆底铺上软垫，用洁净无油腻的两只手掌来回摩擦脸盆的边沿. 如果摩擦得法，脸盆会发出嗡嗡的响声，在盆内壁的四个对称位置（波腹处）会激起水的喷射，高度可超出水面40 cm，同时在水面形成4个鱼鳞状波纹区．摩擦过程要用力均匀，掌握好摩擦的力度、速度和周期性，两手摩擦盆沿时的相对位置始终与盆心成中心对称．用瓷质脸盆重复上述实验，也获得同样的结果．只是喷出水珠比较稀少，水柱比较低矮，声音也比较微弱．没有双耳结构的普通水盆起振后也能喷水，可见喷水不是振动鱼洗特有的现象．鱼洗和普通水盆摩擦起振后的振动，类似圆柱形弯曲板的振动，驻波是它们共同遵循的振动规律．这种侧壁振动会在盆内水面产生两种物理效应：在水面形成鱼鳞状波纹；激起盆中水的喷注．

图1.55　鱼洗

鱼洗和普通水盆的喷水效果跟多种因素有关，喷水效果取决于盆体的材料，这是最重要的因素．黄铜盆（喷水鱼洗）喷水效果最好，声音最响．黄铜弹性最好，产生的波振幅最大．盆体的弹性越好，喷水功能就越强．这是由于弹性体传递能量的本领大，对振动能量吸收少的缘故．就同一种材料而言，盆壁越薄，均匀度越好，振幅就越大，振动能量在传递过程中的损失越少，喷水现象越明显．由于盆壁振动的能量来源于手掌对它的摩擦，振动能量是自上而下依次减弱的．注入盆中的水量越多，水面离盆口越近，传递给水面的能量就越大．盛水量的多少直接影响盆的固有频率，所以盛水量必须适当．喷水效果还跟盆的直径、手掌摩擦两耳（或盆沿）的速度和力度等因素有关．凡是弹性较好、厚薄均匀、直径适当的薄圆形盆器，都可以通过手掌对它的摩擦起振产生明显的喷水效果．

第二章

电磁学自主探究实验

【1】 电磁炉趣味实验

趣味猜想

电磁炉应用电磁感应原理对物体进行加热，铝箔放在电磁炉表面，在电磁场作用下会产生哪些有趣的现象，能否用简单的实验方法探究磁通量变化与感应电流大小的关系？

实验装置

电磁炉、漆包线、LED、铝片、锡箔、绝缘圆柱体.

原理探究

电磁炉的炉面是高强度耐冲击的陶瓷面板或结晶玻璃板等，台面下方是高频感应加热线圈、高频电力转换装置与控制系统等，如图2.1电磁炉构造. 50 Hz交流电经过整流器转换为直流电，再经高频电力转换装置变为$15 \sim 30$ kHz的高频交流电，通过扁平螺旋状的感应线圈形成高频交变磁场，磁场磁力线穿透上方的陶瓷平板作用于平底铁质锅具，形成涡流并发热.

电磁炉设计有多种保护装置，启动电磁炉而不放上锅具，输出功率很低，炉面上方产生的交变磁场也很弱. 将LED连接到漆包线，制成匝数为N、半径为R

的线圈．把线圈水平放置于启动的电磁炉上方固定位置，观察改变线圈匝数和半径时LED的亮度变化，如图2.2电磁炉点亮LED．将灵敏电流表连接到线圈中，测量不同条件下通过线圈的电流大小，思考通过线圈的磁通量变化与匝数、半径、LED亮度、电流大小的关系．

图2.1　电磁炉构造　　　　图2.2　电磁炉点亮LED　　　图2.3　电磁炉漂浮铝片

　　将水平放置的线圈从远处逐渐平移到电磁炉中央，LED的亮度逐渐增大，表明靠近电磁炉处的磁场强度增大．水平放置在电磁炉中央处的线圈向上平移，LED亮度逐渐变弱，移动到距离炉面15 cm处几乎观察不到LED发光，表明此处磁场减弱到忽略不计．在电磁炉中央处把线圈从水平位置逐渐转动到竖直位置，LED亮度变暗，表明磁场方向竖直向上．把LED连接到一节5号电池两端稳定发光，连接到线圈的LED却是一闪一闪发亮．由二极管的单向导通性质可知，电磁炉产生随时间变化的交变磁场，通过线圈的电流也是方向变化的交变电流．

　　在铝箔中央挖一个小孔，套在绝缘木棒或橡胶棒上，铝箔可以沿木棒上下飘动，如图2.3电磁炉漂浮铝片．把套有铝箔的木棒竖直放在启动的电磁炉中央，铝箔产生的感应电流（涡流）方向和电磁炉线圈的电流方向相反，铝箔受到的磁场力向上，当磁场力小于铝箔重力时向下坠落．改变铝箔的半径，比较铝箔的最大漂浮高度，探究涡流的力效应和铝箔半径、质量、交变磁场的关系．涡流的力效应与铝箔的半径有关，但不存在简单的线性关系．铝箔半径增加，涡流力效应明显，漂浮高度增加．铝箔半径增大到电磁炉感应线圈的半径大小，通过铝箔的交变磁场磁通量变化率达到最大，力效应更加明显．再增加铝箔半径，铝箔重力与所受空气阻力对涡流力效应的影响变大，漂浮高度不会相应增加．

　　将铝箔偏离电磁炉中央位置，铝箔漂浮高度变小，说明电磁炉中央部分的磁场最强．将面积相同的三角形、正方形、长方形、圆形铝箔分别套放在电磁炉中央，观察不同铝箔漂浮的高度差别．圆形铝箔漂浮高度最大，三角形铝箔漂浮高度最小，可知涡流沿圆形流动，圆形铝箔上涡流的有效流动面积最大．把半径 10 cm的铝箔从圆心处沿半径方向切割几道小缝隙，虽然铝箔在磁场中的有效面积不变化，但是由于切割缝隙，绕圆心方向的涡流有效流动面积减小，力效应减弱，铝箔漂浮高度减小．若沿圆周的弧长方向切割缝隙，涡流的有效面积变化不大，对铝箔漂浮高度影响不大．用绝缘木条压住漂浮的铝箔，10 s后铝箔燃烧起来．铝箔上的感应电流来回流动，产生大量的焦耳热且无法及时释放，铝箔温度急剧升高，达到燃烧点．铝箔烧断后，涡流难以在铝箔表面形成完整的闭合回路，涡流的力效应急剧减弱，漂浮高度几乎可忽略．

【2】　徒手点亮日光灯

趣味猜想

日光灯又称荧光灯，通常需要连接到闭合电路中才能发光．据说有人可以直接用塑料丝带、手、铁块等物体启动日光灯，这到底是特异功能还是科学魔术呢？

实验装置

长30 cm带灯具座的日光灯、塑料丝带、聚乙烯塑料薄膜、毛皮、铁管、PVC塑料管等．

原理探究

日光灯的发光原理是气体放电理论，具有辉光放电与弧光放电两种方式．通常情况下气体不导电，在适当条件下带电粒子被外电场加速后与气体原子碰撞，电荷动能转移到原子使其激发，激发原子返回基态时吸收的能量以辐射发光的形式释放．

把日光灯管一端的金属盖去除，将灯丝两端与一个可调变压器连接．缓慢增加两极间电压，灯丝开始发热变红，亮度逐渐变大．增加到一定电压后，灯丝发出的红色光突然转变为白色，此即为弧光放电．由于在灯管一端施加电压，弧光放电只是在灯丝附近的一小段区域内发生．

利用火花发生器、范德格拉夫起电机等能够产生强电场的仪器，可以进行日光灯辉光放电实验．火花发生器开启后输出端的金属针附近有较强的电压和场强，击穿空气产生火花放电．把日光灯管靠近金属针，管内气体被强电场击穿放电，发出明亮的辉光．由于金属针附近的电场不稳定，击穿空气后场强和电压迅速降低，需要等到下一个工作周期重新建立起较强的电场，受日光灯气体压力影响，只有靠近金属针的区域有辉光断断续续产生．在黑暗的房间里，一只手拿着日光灯管，另一只手拿着羊皮在管壁上小心地连续摩擦．在毛皮接触的管壁上可以看到发光，这是强电场激发辉光放电的简单实验，这个实验在潮湿和闷热的天气里较难成功．

找一根12 W的废日光灯管，小心取出灯管内的灯丝．找一个6 V微型小电珠、四节干电池，把小电珠、灯丝和四节干电池用导线串联起来组成一闭合电路．按下电路中的开关电键，因为日光灯丝的电阻起分压作用，小电珠不发光或发出微微的红光．对着日光灯丝吹一口气，小电珠就发出明亮的白光，停止吹气则小电珠随之熄灭．由于金属丝电阻率随温度的升高而增大，随温度下降而减小．电路接通后电流使日光灯丝温度升高，电阻增大，小电珠不发光或只发出微弱红光．人用力吹气时，日光灯丝温度降低，电阻变小，电路中电流增强，小电珠发出明亮的光．实验成功的关键是吹气前小电珠刚好发出微弱的红光，可以通过增减电池或者串联滑动变阻器来调节通过小电珠的电流大小．

将日光灯的启辉器摘掉，连接好电路后闭合开关，日光灯不亮，此时在灯管两端已有220 V电压．用塑料薄膜在日光灯管上来回摩擦，能使日光灯启动并正常发光．如果在干燥的环境下用双手摩擦毛皮片刻后，伸出手放到灯管中央，只见灯管猛地一闪后发光．将条形铁管靠近日光灯，或是用手快速摩擦塑料丝带、PVC塑料管后在灯管前挥舞，日光灯也能启动发光．

上述实验中与毛皮摩擦的手带有电荷，伸出手靠近灯管而缩短灯管两极之间的电场距离，增加两极之间的电场强度．摩擦后的塑料丝带黏附有大量电荷，挥舞时施加静电场于灯管附近．通过外界施加强电场作用，灯丝预热时产生的大量电子和气体分子碰撞电离，达到气体弧光放电的点燃条件，日光灯启动发光，如图2.4日光灯发光．

图2.4　日光灯发光

　　实验成功的关键是选择功率较小的日光灯，如4 W、6 W的灯管，它们的启动电流与工作电流、灯管压降都很小，改变灯管间的电场强度比较容易启动点火电压．用手慢慢靠近灯管摩擦时，手是导体而缩短了灯管两极之间电场的距离，从而增大电场强度，同样也起到激发汞蒸气使气体导电而发光的作用，用铁等金属块移近灯管的作用和手的原理是一样的．

【3】 摩擦起电点亮日光灯

趣味猜想

　　日光灯需要连接到闭合电路中才能发光，手拿一根日光灯管，仅仅依靠摩擦就可以使日光灯管发光. 没有电流通过灯管也能使灯管发光，这是真的吗？

实验装置

日光灯管、聚四氟乙烯平板、丝绸.

原理探究

　　在黑暗的房间内，取一根8 W日光灯管擦干净，左手握住日光灯管一端，用干燥的右手夹住日光灯管，沿着管身来回摩擦，日光灯管发出一闪一闪的亮光. 这是由于日光灯管与手指摩擦后带上大量电荷，灯管表面的对地电势可高达数千伏，灯管内的气体被电离，如图2.5摩擦起电.

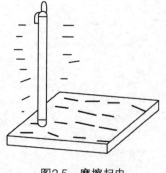

图2.5　摩擦起电

在气温较低而干燥的晚上，取一块聚四氟乙烯平板，用丝绸将平板多次摩擦. 手拿住日光灯管，手指和日光灯管的一组灯脚相接触，当日光灯管的另一组灯脚紧密地接触塑料平板时，灯管中出现白色闪光并伴随着"噼啪"的放电声. 将灯管的一组灯脚紧靠塑料平板表面，沿着塑料平板表面移动，日光灯管不断出现白色闪光并发出"噼啪"的放电声. 塑料平板经丝绸摩擦带上大量的负电荷，平板表面对地的电势高达数千伏. 当日光灯沿着塑料平板表面移动时，塑料板表面各处的负电荷通过日光灯管的灯脚不断进行放电，灯管不断发出白色闪光，直到塑料平板上的负电荷绝大部分通过灯管放走.

为了长时间观察日光灯闪光，先用丝绸将塑料平板摩擦多次，再取一块圆形铝板，铝板中心装一根有机玻璃柄. 用左手握住有机玻璃柄，将铝板放在塑料板上，右手拿住灯管并将一只手指和灯管上端一组灯脚相接触，灯管另一组灯脚和铝板相接触，灯管发出较明亮的闪光. 再将日光灯和铝板脱离接触，左手握住铝板上的有机玻璃柄，将铝板提起约10 cm高度. 右手拿住灯管和铝板重新接触，灯管发出一次明亮的闪光. 只要把铝板重新放到塑料平板上，再用日光灯管和铝板相接触，日光灯管可以发光.

塑料板用丝绸摩擦后带上大量负电荷，把铝板放在塑料平板上，塑料平板和铝板表面是很粗糙的，铝板和塑料平板之间除了一小部分接触，绝大部分都处于不接触状态. 根据静电感应原理，铝板的下表面感应出正电荷，铝板上表面感应出负电荷. 手握住灯管碰铝板，带负高压的铝板使灯管中水银蒸汽产生弧光放电而发射紫外线，激发灯管内壁的荧光涂层发出明亮的闪光. 当铝板上表面的负电荷通过灯管和人体流入大地时，闪光停止了. 这时铝板下表面的正电荷在塑料板上的负电荷作用下保持不变. 用左手握住有机玻璃柄将铝板提起，此时铝板远离塑料平板，铝板带上大量的正电荷，对地电压可高达数千伏以上. 当灯管一端和带正电荷的铝板相接触时，灯管由于高压放电又一次发出明亮的闪光.

【4】 会唱歌的黑板

趣味猜想

　　教室里面的黑板是教师上课时板书的地方，现在却从黑板上面的线圈中传来美妙的音乐声．这块会唱歌的黑板，难道是一个可以变形的录音机吗？

实验装置

　　黑板、直径6 cm的圆形稀土磁铁、50 m长的电线、录音机．

原理探究

　　录音机是记录和重放声音的电子设备，家庭常用磁带录音机以磁性材料做存储介质，应用磁记录原理记录和重放声音．教室里面的黑板、磁铁和由电线扭曲成的直径为12~14 cm的线圈共同构成一个扬声器，能够发出悦耳的声音．

　　扬声器（喇叭）是录音机的重要部件，能把电信号变为声音，按结构不同分为电动式、电磁式和压电式三种．常见的电动式扬声器，又称动圈式扬声器，由环形永久磁铁、软铁芯柱、环形软铁形成一个均匀的环形磁场，音圈置于环形隙缝中，与作为辐射器的纸盆连接．当音频电流通过音圈时，产生交变磁场，与磁铁的恒定磁场相互作用，使音圈按音频频率、振幅做相应的振动，音圈带动纸盆振动而发出声音. 话筒（麦克风）将声音转变为电信号，主要由振动膜和形成元件两个基本部分组成. 振动膜对声波的空气压强变化非常敏感，它的振动频率取决于声音频率，振幅取决于声音的强度. 形成元件将振动膜的振动转变为电能，产生随声音信号变化的电流输出，送到扩音机或者录音机，完成声音从动能到电能的转化. 动圈式话筒结构由磁铁、软铁芯、动圈、膜片组成. 声音的振动引起膜片的振动，动圈在磁场中切割磁力线而产生感应电压，它的变化规律随声音的频率、振幅变化，实现声—电转换.

将线圈连接到扩音机的输出端，把线圈靠近放在黑板上的磁铁，有音乐声音传出来. 使线圈离开磁铁和黑板，音乐声音停止. 把线圈两端连接到录音机的话筒插座上，按下录音键，把线圈放在黑板的磁铁上方，对着线圈大声说话. 按下放音键，录音机扬声器里面传出刚才的说话声音，如图2.6黑板唱歌.

图2.6　黑板唱歌

分析黑板唱歌实验装置，录音机上的耳机插座与一个扩音机连接，卷曲的线圈两端连接在扩音机上. 通常我们按下录音机的放音键，磁带转动时音乐声从录音机本身带有的扬声器（喇叭）发出. 耳机插座输出的电流信号传输到扩音机，扩音机把信号放大后转换为变化的电流，传导到这捆电线上. 电线靠近磁铁，磁铁因为电流的变化而振动并带动黑板振动，振动的黑板还原出录音机磁带的音乐声.

黑板录音实验与上述唱歌实验相反，人对着黑板大声说话，黑板因为声音而形成振动，磁铁也跟随振动. 把线圈靠近磁铁，磁铁的振动使线圈中产生感应电流，感应电流被送到录音机里面，被录音带记录下来，放音时重现刚才的说话声音. 本次实验中的黑板、磁铁、线圈又充当了话筒（麦克风）的角色. 与录音棚里专业的录音设备比较起来，由于声音从振动的黑板上记录，灵敏度很差，声音也不够清晰.

【5】 预报雷电的富兰克林钟

趣味猜想

为了预测雷电的到来，人们发明了避雷针，将避雷针竖立在高大建筑物的顶端.富兰克林发明了一种放在室内的雷电报警装置叫富兰克林钟，当雷击发生时会不断地敲钟，警告人们躲避危险.能否分析它的工作原理，我们也制作一个富兰克林钟？

实验装置

1 卷铝箔、数个塑料杯、2 个铝罐、汽球(或 PVC 水管)、丝绢(或纸巾).

原理探究

18世纪美国著名政治家、科学家富兰克林参加起草美国《独立宣言》和宪法，在雷雨天用风筝引电的故事更是流传已久.富兰克林钟的原型是利用两个电极制成钟型，分别接地和避雷针.风暴来临前，带负电荷的云层使避雷针带上负电荷，与避雷针相连的钟也带上负电.由于同性相斥，金属球弹开，撞到另一个和地面相连的钟上.金属球上的电子通过这个钟流向大地，失去电子的金属球带上正电.由于异性相吸，接着金属球又会被带负电荷的钟吸引，如此重复不断地进行，发出清脆的敲击钟声．

　　利用平时丢弃的易拉罐，同样可以做类似的实验．与莱顿瓶的制作方式一样，裁剪适当大小的铝箔包覆塑料杯的内、外层，用胶带或再放入塑料杯中加以固定．将铝罐的拉环折下，用线吊起来，置于铝罐（金属物体）和电容之间．用丝巾摩擦气球或PVC管，靠近塑料杯电容器，使电容器带静电．铝罐拉环因接触起电，又因同

图2.7　富兰克林钟

性电荷相斥而离开，接触其他不带电的铝条后释放电荷，重新摆向电容器，重复来回运动，如图2.7富兰克林钟．

　　如果把上述实验装置稍加改进，就可演示电荷间相互作用的趣味实验"双龙戏珠"．一个杯子是用铝箔制作的电容器，它和另外倒扣的杯子连在一起，用摩擦起电或连接起电机的方式把电荷储存在电容器里面．在倒扣的杯子底部放一个质量较小的玻璃珠子，珠子在杯子底部的上面不停转动．再把另外一个红色的珠子放进去，两个珠子绕着杯子底部互相追逐，就像古代传说中的"双龙戏珠"．把电容器与倒扣杯子的连接中断，两颗珠子就停止转动，如图2.8双龙戏珠．

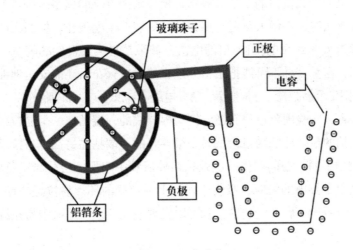

图2.8　双龙戏珠

　　仔细观察杯子底部，铝箔条以交叉的方式固定在杯子上，电容器储存的负电荷直接连接到相同间隔的铝箔条上．当珠子经过带负电荷的铝箔条时，它也带负

电荷，同性电荷相斥，珠子向前移到下一条铝箔．这些铝箔条连接在电容器另外一边，带有正电荷．当珠子碰到这些带正电荷的铝箔时，珠子上的负电荷被中和后携带正电荷，依旧是同性电荷相斥，珠子运动到下一条铝箔，接触到负电，然后又被推走，如此循环往复，珠子不断绕圈子转动．

1752年6月10日是雷雨交加的一天，46岁的富兰克林领着儿子来到牧场，他们把准备好的大风筝升到天空，一把铜钥匙系在风筝线的末端．突然一道闪电击中风筝框上的金属丝，亚麻风筝线上的纤维顿时直竖起来，富兰克林用食指靠近钥匙环，一些电火花从他食指上闪过，与莱顿瓶产生的电火花一模一样．富兰克林兴奋地抱起儿子大喊："电，天电捕捉到了．"这个闪电很弱，富兰克林毫发无损．但是一年后，俄国科学家里赫曼做类似的雷电试验时，被强烈的球形闪电击中当场死亡，成为科学史上的一个悲剧故事．

不少人质疑富兰克林是否真的做过会致命的风筝实验．2003年科学史家图克尔出版《命运的闪电》一书，书中披露富兰克林从未正式说过自己当真做了这个实验，只是在几个月后《宾夕法尼亚学报》上简短地提及实验的设计．2006年美国著名科普节目《流言终结者》（Myth Busters）在第四季第五集用实验验证富兰克林风筝的传说．实验者来到电力公司的试验中心，这里的高压电可达到100万伏，但是比起1亿伏的雷电高压就是小巫见大巫．他们用组织替代胶制作了一个假人模型，里面安装模拟的心跳检测器，模拟雨中淋湿的风筝线进行实验．当电压上升到48万伏时，用假人触碰金属钥匙，确实产生电火花，但假人的心脏检测器记录到超过人体致命电流100倍的电击．如果是自然界发生的闪电，电压和电流要高得多，富兰克林不可能把手指伸过去接触电火花后还能安全地缩回来．

以下利用2个易拉罐、1根吸管、2根电线、电蚊拍，可以制作一个简易的富兰克林钟装置，实验现象也很有趣．把一根导线的一端粘在一个易拉罐上，另一端勾住电蚊拍的最外层的网格．把另一根导线的一端粘在另一个易拉罐上，另一端勾住电蚊拍中间一层的网格，电蚊拍最外层和中间那一层分属正负极．在2个易拉罐上摆上不导电的吸管，吸管中间挂上易拉罐的环．易拉罐的环和2个易拉罐要保持一定距离．启动电蚊拍，就可以发现金属环来回地敲击易拉罐运动．

【6】 富兰克林马达

趣味猜想

马达也称电机,通常需要电流驱动才能对外做功.但是有一种特殊的静电马达,直接利用电荷之间的库仑力驱动,将静电作为能量来源,在航天卫星和医疗器械领域有广泛的应用前途.我们利用简单的实验器材,尝试制作结构简单,空载转速高的静电马达.

实验装置

珍珠板、塑料杯、废弃笔芯、铝箔、PVC管、尼龙、羊毛混纺布条.

原理探究

富兰克林研究电学时,制作出利用同号电荷相排斥、异号电荷相吸引原理的富兰克林马达,是最早利用静电驱动的先驱.静电电动机结构简单,它利用带电极板之间基于静电能的能量变化趋势产生机械位移,这种作用力使两个电极趋于互相接近并达到某一能量最小的稳定位置.将图钉从塑料杯底部圆心垂直穿入,将铝箔剪成六块2 cm×3 cm的长方形,用强力胶粘在靠近杯口的地方,如图2.9富兰克林马达.把笔尖朝上竖立,用双面胶垂直粘在珍珠板上.珍珠板不容易受潮湿影响，绝缘效果比较好．将塑料杯倒扣，以杯底图钉钉在竖立的笔上，使杯子能自由转动．用厚纸制成两侧靠近水晶杯的碑牌状物体，黏在两侧厚纸上的铝箔，靠近塑料杯的一端都要剪成锯齿状，尖端无须接触，只利用尖端放电即可将电荷传导到塑料杯上的铝箔．铝箔接地的一端和铝箔悬空的一端也都剪成锯齿状，以利于电流流通．

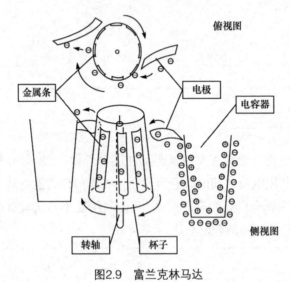

图2.9　富兰克林马达

用丝巾摩擦气球或者用纸巾摩擦PVC管，将带电的气球或PVC管接触一侧悬空的铝箔，另一侧铝箔接地，富兰克林马达开始不停旋转．富兰克林马达的原理是利用摩擦起电，使得塑料杯外缘带有同性电荷，因同性电荷相互排斥而使塑料杯转动．如果先让另外一个莱顿瓶充满电荷，再一手拿起莱顿瓶，另一只手摸着塑料杯上的铝箔，把莱顿瓶上的集电杆接触塑料杯另一侧的铝箔，利用人的身体作为回路，富兰克林马达也会转个不停．由于摩擦气球给自制电容器充电的电量无法与静电高压电源或起电机相比，为了确保实验成功，天气干燥、温度较低，静电产生的效果越好．电容器所带的电越多，富兰克林马达转动的速度越快．放置塑料杯的支柱，接触点的摩擦力越小越好．

把5枚一元硬币或金属环用橡皮筋对称地固定在胶卷盒上，胶卷盒倒立放在一根固定的钢针上，调节平衡后使胶卷盒可以稳定地围绕钢针旋转，用橡胶棒与毛皮快速摩擦后靠近胶卷盒，伸出手指接近胶卷盒上的硬币，胶卷盒就会围绕钢针快速旋转起来．橡胶的电阻率较大，摩擦产生的电荷不易泄漏，容易形成静电荷的堆积. 与毛皮摩擦的橡胶棒带负电，其表面积聚了大量的电子，橡胶棒靠近金属硬币，硬币的外表面由于静电感应出现正电荷，另一面则出现负电荷（电子）.

　　把橡胶棒和硬币看成一个充满电荷的平行板电容器，两极板之间异号电荷产生吸引力；偏转时硬币与橡胶棒的正对面积（有效面积）发生改变. 伸出的手指接近硬币时，手指可以看成是电势零点. 当和橡胶棒正对的硬币旋转到手指附近时，由于手指与硬币之间电势差的存在，硬币外表面积累的负电荷依然保存在外表面，难以和正电荷中和，旋转胶卷盒上5枚硬币的负电荷始终感应在外表面上，与橡胶棒正对时由于极板面积的改变，两极板间的电容不断变化，静电电动机就不停地旋转.

【7】 气功大师人体发电

趣味猜想

大家都知道人体能够耐受的安全电压是36 V，一些号称具有特异功能的大师却可以运气发功，通过气功放电进行理疗，能够治疗各种疑难杂症. 人体真的可以发电吗？我们也能快速修炼这种特异功能吗？

实验装置

按压式开关、7号电池、电容器、导线.

原理探究

2011年5月26日中央电视台《消费主张》栏目播出"哪儿来这么多气功大师"，揭露湖南张家界景区一些购物店，骗子宣称通过气功放电进行理疗，能够治疗各种疑难杂症，欺骗游客购买劣质的保健药品. 假气功师对游客运气发功，使游客产生强烈的针扎触电感觉，被发功的背部出现红印. 奥秘就在气功师脚底的皮鞋上，这只经过改装能够发功的鞋露出它的真面目，如图2.10特制发电皮鞋.

设计一个充电电路和一个放电电路，大脚趾头下面有一个按压式开关，压下开关用两节7号电池给电容器快速充电，如图2.11发电皮鞋结构.

图2.10　特制发电皮鞋　　　　　图2.11　发电皮鞋结构

气功师通过一个线头和电容器的一极连在一起，身体处于带电状态．莱顿瓶是历史最悠久的电容器，早期的莱顿瓶采用玻璃瓶制作，瓶里瓶外分别贴有锡箔，瓶里的锡箔通过金属链跟金属棒连接，棒的上端是一个金属球．如何制作一个不为人觉察的可以存储和释放电荷的电容器，就成为这个气功表演的关键所在．当他需要发功放电时，只要把手搭到游客身上，电容器通过线头、气功师的手和游客，游客和电容器之间的大地构成一个放电回路，电容器储存的电量瞬间释放出去，产生一个短的电压脉冲，毫不知情的游客就有被电击的感觉．

这种电压脉冲对游客和假气功师会产生伤害吗？皮鞋放电和我们在干燥的冬天被人体静电带来的小麻烦没有区别．当人穿上胶鞋在铺有毛毯（橡胶、塑料）的地面上行走时，鞋子与地面摩擦，人体可以带上5～15 kV的静电高压，这就是我们熟悉的摩擦带电．静电电压为5万伏时人体没有不适感觉，带上12万伏高压静电时也没有生命危险．

给电容器的输入端输入3～6 V的直流电，通过高压脉冲，可以在输出端瞬间得到上万伏的高压电势．电池个数要根据高压脉冲电容器的输入电压范围决定，电压太小不能产生脉冲高压，太大容易将电容器烧坏．如果选择的电源电压过高，可以在电路中加入一个阻值适合的电阻．由于电容器功率较大，内部不易散热，每次充电时间不要超过10 s．

一些科技馆陈列着趣味十足的"人体怒发冲冠"装置，它由高压静电发生器、高压静电球和绝缘台组成．参与者站到绝缘台上，将手搭在高压静电球上，按下电源开关即可看到参与者头发竖起来，显出怒发冲冠的情景．静电具有沿尖端放电和同性相斥的特性，人体加高压后头发相当于许多尖端，聚集的电荷最多，同种电荷互相排斥，头发就散开并竖起．开启电源后，其他人员切不可接触参与者，参与者站在绝缘台上，始终处于等电势状态，不会发生触电伤害．

【8】　微波炉趣味实验

趣味猜想

　　微波炉是现代家庭常见的厨房电器，能够快速加热米饭、面包、各式菜肴. 如果我们把其他一些物品(例如手机、蜡烛、灯管等)放到微波炉里加热，会出现哪些有趣的现象呢？特别警示，微波炉使用有严格的规范和要求，未成年人必须在教师或家长的指导下进行实验操作.

实验装置

　　家用微波炉、手机、蜡烛、玻璃杯、水、白炽灯泡、日光灯管、棉花糖.

原理探究

　　微波是频率为300 MHz ～ 300 GHz的电磁波，应用微波加热原理制成的微波炉受到人们的欢迎. 微波遇到金属材料时被反射，遇到玻璃、塑料、陶瓷等绝缘材料可以穿透，遇到含有水分的蛋白质、脂肪等物体时被吸收，微波具有的电磁能量转变为物体的热能. 把不同物体放到微波炉里面，会产生不同的现象.

　　如图2.30微波炉结构，微波炉的工作原理是利用微波变压器将220 V的交流电升压为2 300 V的高压交流电，再通过电容和二极管整流为4 600 V的直流电供应给微波磁控管，磁控管在高压直流电的驱动下将电能转化为频率为24.5亿Hz的电磁场，电磁场在谐振腔的作用下馈入微波炉内，有效地把放入微波炉内的物料加热. 磁控管以2 450 MHz的频率向微波炉内发射微波时，微波炉炉腔内就有每秒24.5亿次变化频率进行振荡的电磁场. 食物分子在高频电磁场的作用下发生振动，分子间相互碰撞摩擦而产生热能，导致食物被加热.

手机通话依靠无线电波传递信息，手机放进密闭的微波炉里面会怎样？不少人认为，微波炉能够将微波封闭在炉腔里面防止泄漏，外界手机信号不能穿透微波炉被手机接收. 这里可以进行一个手机微波炉实验，实验中把调音状态的手机A放到微波炉里面，关闭炉门. 用另外一部手机B拨打呼叫A，手机A发出清晰的铃声，表明无线信号穿透了微波炉的金属外壳. 手机信号不同于波长极短的微波，它能够穿透一定厚度的金属. 平时我们在密闭的电梯里面也能接收微弱的手机信号. 若把手机放进启动的微波炉里面，能接收微波信号吗？这个实验最好用报废的旧手机进行. 实验结果是手机能够接收微波炉发射出的电磁波，不过手机开始冒烟并发出火光. 手机电池含有电解质，在电磁场作用下发生化学反应，产生大量的热，某些情况下甚至发生爆炸.

把一根燃烧的蜡烛用倒扣的玻璃杯覆盖，放入启动的微波炉. 玻璃杯顶端蜡烛火焰处出现强烈的放电，形成罕见的球状闪电现象. 燃烧的蜡烛产生碳，在强大的电磁场作用下使空气电离，产生气体放电. 换用燃烧的火柴等物体，也能得到类似现象.

辉光球是一个密闭的玻璃球壳，腔体内部被抽成真空并充满氖气、氦气等惰性气体，球心由金属丝弯绕而成，构成一个指向球面的尖端. 通电后底板的环氧树脂基线路板将220 V交流电转变成高频脉冲交流电，电压可达10 000 V，球心产生尖端放电，形成各种颜色的弧光. 若把辉光球单独放入启动的微波炉里，金属丝释放的电子在强电场作用下加速撞击腔体里的惰性气体原子，原子电离成正离子和电子继续撞击其他气体原子，在金属尖端与球壳之间形成气体放电现象，发出绚丽的弧光.

在微波炉里放入一个白炽灯泡，启动开关，灯泡发出明亮的白光. 已有一百多年历史的白炽灯发光原理是，灯泡两端加上额定电压，电流通过钨丝而发光发热. 灯泡内部的灯丝处于高度真空，微波炉发射的电磁波使灯丝中的电子在强电场作用下获得巨大能量而发射出钨丝表面，发光原理与电流通过钨丝发光过程类似. 长时间加热白炽灯，电子与灯泡内部少量残余气体作用，产生高温等离子体，等离子体膨胀导致灯泡内爆.

把体积较小的日光灯或节能灯放进启动的微波炉里，可以观察到日光灯管发光．微波炉发射的电磁波激发日光灯两端的灯丝电极发射大量电子，电子碰撞管内惰性气体分子电离，产生的热量使水银蒸气也被电离并发出强烈的紫外线，紫外线激发管壁内的荧光粉发出白色的可见光．

CD光盘主要材质是聚碳酸酯（PC），把CD光盘放入微波炉，光盘表面出现明亮的电火花，伴有噼里啪啦的爆裂声．这是由于光盘表面涂有很薄的铝反射层，用来反射光驱激光光束，读取光盘刻录的资料．微波照射到铝涂层，在金属表面形成涡流，发出大量的热，产生电火花．把折叠的锡纸放入微波炉，锡纸在电磁场作用下产生的电流跳过空隙，也会产生电弧或火花．

选用一台有旋转托盘的微波炉，取出微波炉中的托盘，在另外一个托盘上平铺一层棉花糖，最好用不同颜色交错铺开．把装有棉花糖的盘子放入微波炉，用低档加热几分钟，直到棉花糖冒气泡．取出装棉花糖的盘子，发现有部分的棉花糖被熔化，这些熔化的棉花糖有一定图案规则，熔化和未熔化的棉花糖在某个方向上会交替出现，如图2.12棉花糖测光速．微波炉发出的微波在炉腔内形成驻波，其原理是频率和振幅均相同、振动方向一致、传播方向相反的两列波叠加时，合成波形成一种特殊的驻波．驻波的波峰穿过食物，通过激发水分子加热它．用直尺测量两块相邻熔化的棉花糖之间的距离，为5～6 cm，这正是驻波两个波峰的间距．由于事先取出旋转托盘，棉花糖没有在微波炉中旋转，故没有被均匀加热，只是在驻波的波峰处被加热，棉花糖的熔化展现驻波在微波炉中的分布情况．两块相邻熔化棉花糖之间的距离是驻波波长的一半，如果测量距离是6 cm，微波炉的工作频率是2 450 MHz，计算电磁波的速度为294 000 m/s，与科学家测量出真空中的光速299 792 m/s相比较，两者非常接近．如果用一大块巧克力做实验，测量两块相邻熔化巧克力之间的距离，同样可以得到类似的结果．

微波炉的微波泄漏会对人体健康造成伤害．要检测微波炉是否泄漏，可选用小日光灯管．取一支小日光灯管（8 W），在黑暗环境中启动微波炉正常工作．将灯管靠近微波炉的炉门，环绕四周慢慢移动．如果灯管不发亮，则说明微波炉无泄漏，或者在安全标准范围之内．如果灯管在有的部位微亮甚至很亮，说明微波炉在该部位有微波泄漏，已超过安全标准范围，应当停止使用．日光灯管能检测微波炉泄漏，因为微波激发灯管壁上的荧光物质发光．

图2.12　棉花糖测光速

【9】 磁性摆与磁性橡皮泥

趣味猜想

　　磁铁可以吸引铁等物质，能否利用磁铁制作一个可以往返运动的趣味单摆，把单纯的橡皮泥变成具有磁性的特殊物质呢?

实验装置

　　磁体、细软铜丝、大头针、蜡烛、橡皮泥.

原理探究

　　温度达到一定程度时，铁磁质失去铁磁性变为顺磁质，这个温度称为居里点，利用铁磁质的居里点可以制作一个往返运动的单摆，如图2.13磁性摆原理.

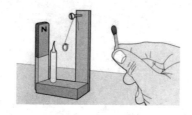

图2.13　磁性摆原理

螺钉单摆实验中，用细软铜丝把小螺钉悬挂好，用磁体的一极逐渐靠近小螺钉，到一定距离时小螺钉被磁铁吸引过去，偏离原来的平衡位置而静止. 保持磁体的这个位置不变，用蜡烛加热小螺钉，小螺钉会摆回原来的平衡位置. 过少许时间，小螺钉又会摆向磁体，静止在蜡烛火焰中被加热，如此持续地往复运动. 小螺钉离开平衡位置，向磁铁方向运动，静止在烛焰处，这是小螺钉在磁场中被磁化而被磁体吸引的结果. 小螺钉加热后又摆回原平衡位置，是因为小螺钉受热而退磁，在重力作用下又摆到原来的平衡位置.

镍片单摆实验中，将金属镍材料加工成直径2.5 cm、高2.5 cm的圆柱体，在上底面钻0.5 cm深小孔，将温度计的热电偶头插入小孔中，用点焊焊接为整体. 将改造后的热电偶悬挂在铁夹台的横梁上，调节悬挂点使磁铁与金属镍吸引，热电偶与竖直方向约成15°夹角，磁铁与镍相距1 cm左右悬空. 接数显温度计的电源与热电偶接头，点燃酒精灯给金属加热，大约2 min后，温度升至居里点，磁铁与镍突然失去磁力作用，热电偶在自身重力的作用下向另一边摆动.

橡皮泥发明于第二次世界大战期间，当时美国政府需要大量的橡胶制造汽车、飞机轮胎和靴子. 通用电气公司工程师詹姆斯·怀特向硅油中添加硼酸，试图制造橡胶替代品，结果却造出一种胶黏性的物质，橡皮泥就诞生了. 在桌面铺一张报纸，戴上手套和口罩，做好个人防护工作. 把一块普通橡皮泥在手里揉搓几下，让它变得柔软，最后捏成薄片. 小心将四氧化三铁粉末倒在橡皮泥薄片，慢慢揉捏直到橡皮泥呈现均匀的黑色. 四氧化三铁又叫铁黑，也是天然磁石的主要成分. 四氧化三铁粉末非常细，尽量避免吸入肺里. 找一块高强度磁铁，把磁性橡皮泥拉细拉长，看它在磁铁吸引下旋转. 也可以把橡皮泥捏成一团，把磁铁放在上面，看磁铁慢慢被吞噬. 磁性橡皮泥被高强磁铁磁化以后，本身也变成了一块磁铁.

【10】 单极电机与电磁旋转

趣味猜想

　　常见的电动机利用通电线圈(定子绕组)产生旋转磁场, 作用于转子后形成磁电动力旋转扭矩. 能否利用磁铁和铜丝, 制作一个快速旋转的单极电机, 它的工作原理是什么?

实验装置

　　干电池、螺钉、钕铁硼磁体、铜丝.

原理探究

　　单极感应是指运动磁体的电磁感应现象, 当一个轴对称的磁体绕其对称轴以恒定角速度转动时, 与磁体的一个磁极和赤道平面滑动接触的静止导线回路中有稳定的电流流过. 这种效应被广泛地用来制造单极感应发电机, 简称单极发电机. 如果在单极感应发电机的外电路中接一个直流电源, 该电源提供的电流自金属磁体中流过, 在磁场的作用下磁体将绕其对称轴转动, 构成单极感应电动机.

　　将两根圆柱状钕铁硼磁体①、②通过圆盘形铁块③吸合在一起, 构成电动机的转子. 必须是磁体的同极端相对吸合, 如图中S极. 用两个铁钉制作点轴承①、

⑤，支撑在转子两端，如图中的N极两端．用导线将电源⑥、开关⑦连接到点轴承①、⑤上，构成回路．接通开关后逐渐增强电流强度，单极电动机便开始转动，如图2.14单极电机．

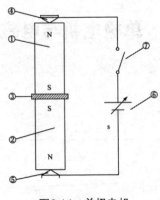

图2.14　单极电机

将一根铁质长圆柱棒两端用两个圆盘形钕铁硼磁体吸合，同极性相对，制成车轮．在车轮上装上木板，制成单极电动车．将小车置于金属导轨（锡箔片）上，接通电源，逐渐增加电流，小车便可行驶．

取一个圆柱形钕铁硼磁体①，上端用铁质点轴承③吸住并固定，下端装上塑料扇片②，电源⑤正极连接磁体的N极，电源负极通过碳刷①与磁体棒的中间部位滑动接触．接通电源，单极风扇就可以转动了，如图2.15单极风扇．

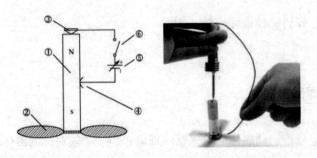

图2.15　单极风扇

用钕铁硼磁体与一枚螺钉的顶帽相吸，螺钉被磁化，针尖相当于一个磁极，螺钉的钉尖与电池正极相吸．再用铜丝一端连电池负极，一端连磁铁侧面，回路接通则螺钉与磁铁将绕自身对称轴旋转．开始时磁铁在安培力矩作用下从静止开始加速旋转，回路中出现反向感应电动势，减小电路中的电流强度和作用在磁铁上的安培力矩. 随着旋转角速度增大, 作用在磁铁上的阻力矩也增大, 当安培力矩和阻力矩平衡后角速度不再增大, 磁铁和螺钉将以恒定的角速度稳定旋转.

　　将钕铁硼磁体吸到五号电池的负极上, 负极面积大比较方便处理. 将铜丝弯折成几何对称形状, 以铜丝中部和五号电池的触点为分界点, 两侧的转矩一样大. 铜丝的两端要能够和钕铁硼磁体一直保持接触. 将铜丝放到五号电池上, 把电池倒过来放, 铜丝就会逆向旋转. 不改变电池的方向, 把磁铁翻个面贴在电池底下, 也有同样的效果. 如果电池和磁铁都反过来, 铜丝的旋转方向不会变化.

　　将一个带孔钕铁硼磁铁S极与电池正极吸引, 另一个带孔钕铁硼磁铁S极与电池负极吸引. 当电池两端的带孔钕铁硼磁铁与铜箔纸接触后, 电池内部的电流由负极流向正极. 电池卡丁车制作需要5号干电池, 长30 cm、宽20 cm的铜箔纸, 直径18 mm、厚3 mm的带孔钕铁硼磁铁两颗. 干电池为实验提供电源, 铜箔纸具有导电性, 起着电源连接线的作用. 将铜箔纸放在水平光滑的桌面上, 电池正极与磁铁S极相连接, 电池负极与磁铁N极相连接, 将两端连接磁铁的电池平放在铜箔纸上, 电池发生滚动. 电池转动时受摩擦力的影响较大, 对铜箔纸的平整程度有很高要求, 最好放置于光洁的瓷砖上, 比桌面上效果更加明显. 实验装置长时间接触铜箔纸, 电池会发热, 原因是电池与钕铁硼磁铁及铜箔纸组成电流回路. 电池卡丁车在铝箔纸上运动10次, 便很难再运动了.

【11】 法拉第电动机

 趣味猜想

　　磁场的磁极不发生变化，不需要换向器，称为单极电动机. 我们利用简单的实验器材，尝试制作一个单极电动机，看看它能否快速转动起来.

 实验装置

　　醋、磁铁、金属管、铝箔、食盐、水.

 原理探究

　　如图2.16法拉第电磁旋转，1821年法拉第制作电磁旋转装置，可谓是世界上最早的电动机. 他在水银中放入磁铁，上面吊着金属电极通过电流，电极在水银中旋转.

图2.16　法拉第电磁旋转

如图2.17法拉第电磁旋转，透明塑料杯里装有半杯醋，杯底正中放着一块高强度磁铁，磁铁上面用软导线悬挂着一根铜管，铜管末端浸在醋里1 cm，距离磁铁很近，但不能碰到磁铁. 连接30～50 V的直流电源，利用5块9 V干电池串联，一端通过导线与铜管相连，另一端通过一块铝箔与醋相连. 接通电源后铜管绕着磁铁旋转起来. 电机旋转的同时有气泡产生，那是电解水的产物氢气和氧气.

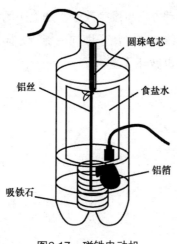

铝丝　　食盐水　　圆珠笔芯　　铝箔　　吸铁石

图2.17　磁铁电动机

利用食盐水代替水银，在饮料瓶底部向上用刀开一个小窗口. 将直径为1 mm的铝丝切成14 cm长，在一端1 cm处弯折能够被吊起. 塑料瓶的瓶盖用锥子开一个洞，导线一端连接电源，中间铜线从塑料瓶盖中抽出1 cm，如图2.50磁铁电动机. 将导线从瓶盖洞中穿出，在上面嵌入圆珠笔芯. 从笔杆中抽出导线，将前端弯折，从笔杆中穿过导线是为了防止导线弯曲. 将瓶盖拧到瓶子上，在导线前端弯折的部分挂上铝丝. 调节铝丝使其处于瓶子的正中间，将导线和瓶盖用玻璃带固定. 将另外一个塑料瓶中放入饱和食盐水中，瓶底中间叠放稀土磁铁. 将铝箔剪成适当的大小，挂在瓶子的窗口上. 从瓶子的窗口中倒入食盐水，浸到铝丝前端2 cm处. 将3 V电池串联，一极接铝丝一端，另一极接铝箔，吊在瓶盖上的铝丝在食盐水中转动. 食盐水中通过电流会产生有毒气体，要注意通风.

还可以用高强度塑料做成带线圈的电解槽，骨架上用直径为0.40 mm的高强度漆包线绕制而成. 在电解槽的圆心处安装一个圆柱铜电极，槽内中心固定一个环状铜电极，将整个电解槽安装在有机玻璃盒内. 另有线圈电流换向开关，两个直流电流表分别显示线圈和电解槽电流的大小. 在槽内倒入30%浓度的硫酸铜溶液，放入几粒玩具枪用的圆形塑料弹丸，直径为4~6 mm，或把一些细小蜡纸屑放在溶液中．把16~24 V的直流电压加在电解槽的两电极上，槽内形成辐射状电场．线圈与电解槽的两个电极并联，通电线圈在槽内产生竖直方向的磁场，塑料小球或蜡纸屑绕着圆柱电极旋转．改变线圈中的电流方向，拨动线圈的换向开关后，小球或纸屑的旋转方向也就改变．由于在电解槽内加上辐射状电场，溶液中的Cu^{2+}和SO_4^{2-}受电场力作用，沿着径向方向运动，改变线圈电流方向引起磁场方向的改变，使得电解液运动方向也发生改变．加上磁场时同一半径上的正负离子受到洛伦兹力沿着同一切线方向，离子做同一旋转方向的曲线运动，带动电解液做环状流动，小球或纸屑也做环状流动．

【12】 静电倒喷泉

趣味猜想

常见的喷泉利用水泵将水通过喷头喷洒出来，我们利用静电装置制作一个倒喷泉，实现水流向上喷发，思考它的工作原理和过程.

实验装置

金属环、感应器电机、铁支座等.

原理探究

取一根橡皮管，一端连自来水龙头，另一端连一段10 cm长的玻璃管尖嘴（尖嘴内径为0.6～0.8 mm），如图2.18静电倒喷泉. 将玻璃管尖嘴用铁架铅垂向上固定在铁支座上. 再取一只直径为10 cm，高5 cm的金属环，装上绝缘塑料柄后也固定在铁架台上. 使玻璃尖嘴刚好位于金属环的下端中央，尖嘴顶端不高于金属环平面，用导线将金属环和感应起点机正极（负极也可以）相连. 玻璃管下面置一盛水大盆，打开水龙头，让一股细流从玻璃管尖嘴喷出，形成高约30 cm的小喷泉. 转动感应器电机，使金属环带上大量正（负）电荷，原先聚成一股的喷泉像雨伞似的向四周散射. 这是静电在起作用，金属环上产生一个强大的静电场，环上的正（负）电荷使玻璃管尖嘴喷射出的水流因感应而带上负（正）电荷，由于同种电荷相斥，这股细流分裂成带负（正）电荷的小水滴而相互排斥，使线状喷泉转变成伞状喷泉.

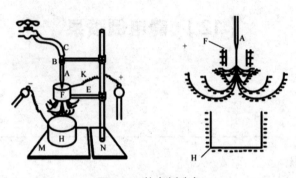

图2.18　静电倒喷泉

【13】　电唱机发声

趣味猜想

　　用一张纸和唱片就可以制作出最简单的留声机，是否比爱迪生的发明更加惊奇？

实验装置

唱片、纸张、录音机等.

原理探究

　　最早的录（放）音机叫留声机，由伟大的发明家爱迪生制造. 1877年8月15日，爱迪生让助手克瑞西按图样制出一台由大圆筒、曲柄、受话机和膜板组成的怪机器. 同年12月爱迪生公开表演留声机，被认为是19世纪最引人振奋的三大发明之一. 爱迪生研制电话时发现电话传话器里的膜板随着说话声而振动，说话的快慢高低能使短针产生相应的不同颤动. 他采取逆向思维，思考由说话引发的颤动能否还原发出的说话声音.

　　由图画纸剪一个30～40 cm大小的正方形，把正方形卷成圆锥形. 以正方形一角为圆锥形顶点，把两边卷起，重叠处黏上胶水. 把贴起来的地方用回纹针别好，把圆锥放在桌上，内侧用重物压着放置，这样才能完全干燥．用唱针穿过圆锥形的尖端，唱针的角度也要稍微倾斜，唱针针头须涂少量浆糊或蜡以便固定．把圆锥形拿在手上，把倾斜的唱针对着唱片的沟纹放好，打开电源则唱片开始歌唱．更简单的做法是，把一张白纸卷成喇叭，尾端固定一根唱针，黑胶唱片固定在一个陀

图2.19　纸质电唱机发声

螺结构上，将唱针搭在唱片上，用手转动陀螺，声音经过纸喇叭的放大而嘹亮起来，如图2.19纸质电唱机发声．

　　这是国外推出的一款复古型电唱机RokBlok，只要铺张垫子给块平地就能播放唱片，满足户外的高品质享乐．按动这根类似天线的杆，启动RokBlok．放到唱片上，顺手掰一下天线，RokBlok的内置扬声器即可播放音乐．停止播放时，用手在RokBlok上轻轻一挥即可．RokBlok采用蓝牙4.2和A2DP协议（蓝牙音频传输模型协定），可以无线连接蓝牙播放器和蓝牙耳机，播放高品质音乐．RokBlok采用充电电池，2 h充满可以播放4 h音乐，待机2天．RokBlok采用中密度纤维材质和竹制材料，重仅90 g．作为一款极简便携产品，RokBlok音质比不上传统唱片机，内置扬声器无法调节音量，但是可连接蓝牙播放器或耳机来调节．改进版的纸质手动播放机SheetRok，只要把唱片放在SheetRok，用手转动即可播放音乐，转速全凭手速进行调节．

　　1888年，美国人史密斯发表利用剩磁录音的论文，奠定了录音机的理论基础．1898年，丹麦人波尔森发明钢丝录音机，使录音机进入实用阶段．波尔森研究电话传声现象时，用钢丝做实验，发现在磁力作用下钢丝会变成磁铁，磁力消失后，在磁场中的钢丝仍然会保有磁性，这种保留下来的磁性称为剩磁．波尔森把一条长钢丝缠绕到一个卷轴上，钢丝通过一个电磁铁与另一个卷轴相连，录音话筒与电磁铁的线圈相连．通电的电磁铁把话筒里的电信号变成磁场，在磁场中的钢丝受到磁化，产生随声音大小而强弱不同的剩磁，声音被记录在钢丝上．1963年荷兰飞利浦公司发明盒式磁带，从此盒式录音机风靡全球．

【14】 制作原电池

趣味猜想

　　两种不同金属浸泡在能够导电的溶液里面,会产生十分有趣的结果.用铝制易拉罐、铜皮制作的原电池,产生的电流可以点亮小灯泡吗?

实验装置

　　易拉罐、铜皮、可乐、白醋、食盐水等.

原理探究

　　利用铝制易拉罐、铜皮制作原电池,用壁纸刀把易拉罐对半切割,把剩下的部分边缘修剪整齐,利用砂纸把易拉罐内部打磨光亮,去掉铝皮表面一层保护膜.铜片用来做电池正极,也要打磨干净.

　　不同金属对构成它的离子和电子的控制能力不同,控制能力强的金属,如金、银、铅、铜,适合做原电池的正极;控制能力弱的金属,如镁、铝、锌、铁,适合做负极.铜-铝电池电压比铜-锌电池要低,原因是铝过于活泼,容易被空气中的氧气氧化,表面形成一层氧化层,阻碍反应进行.对于铜-锌电池,用同样的电解液,不管正极铜片和负极铝片的面积多大,得到的电压是相同的,能够提供的电流有很大区别. 电极表面积越大, 提供电流的能力就越强.

　　使用可乐、白醋做电解液, 铜–铝–可乐电池的电压约为0.72 V, 铜–铝–白醋电池的电压为0.52 V. 白醋含有醋酸, 可口可乐含有磷酸, 在酸液里的原电池反应会在铜片（正极）产生氢气, 铝片溶解到溶液里, 被从正极来的铜离子置换. 当溶液中的氢离子消耗完毕, 或者负极铝片消耗完毕, 反应停止. 铜–铝–盐水电池, 食盐溶液用来运输电子, 提供反应发生的环境. 正极铜片没有发生任何变化, 可以用碳棒来代替. 溶液中的氧气或者负极铝片消耗完毕, 反应也停止. 以下是一个铝空气电池的设计, 将电池的正负极接于电子贺卡、电子钟或小功率直流电机, 如图2.20空气电池. 电池接外电路工作一段时间后, 通过红墨水高度变化可证实密闭容器中氧气的消耗. 为了验证电池工作时有氢氧根离子生成, 图中凝胶为食用明胶, 在明胶中滴入少量酚酞. 将电池正负极接于用电器, 一段时间后看到凝胶从中心逐渐往边缘慢慢变红, 表明电池工作中有氢氧根离子生成.

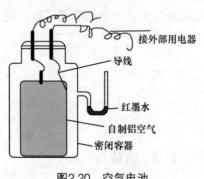

图2.20　空气电池

【15】　电磁波实验

趣味猜想

　　电磁波是以波动形式传播的电磁场，既看不见也摸不着. 能否设计一套实验装置，清晰地观察电磁波的接收和发射呢？

实验装置

　　信号发生器、白炽灯、接收天线.

原理探究

　　电磁波的接收和发射离不开天线，天线还是一个能量转换器，发射时把高频电流形式的能量转变为同频的电磁波能量，接收时把空间电磁波的能量转变为天线上的高频电流能量.

　　用功率信号发生器作为发射信号源，通过一副天线发射产生电磁波，电磁波向周围空间传播. 将另一副天线置于电磁波场中，接收天线的金属体上就会感生高频电流. 接收与发射天线的收发距离越近，电场强度越强，同时接收天线馈电点间的感应电动势（接收电压）就越大. 如果将小功率的白炽灯泡接入天线馈电点，能量足够时可使白炽灯发光，灯泡的亮度可以表示接收位置的电场强度，接收天线和白炽灯组成一个完整电磁波感应接收装置，如图2.21电磁波发射.

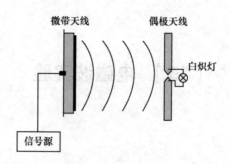

图2.21　电磁波发射

电磁波实验系统由发射装置、接收装置、辅助装置构成，发射装置由信号产生部件和发射天线构成，为使电磁波按规定方向辐射和传播，使用指向性强的定向发射天线. 一种典型接收装置设计由装有白炽灯的小电路板和接收天线构成，如图2.22电磁波接收. 制作天线的材料为1 mm铜丝，便于弯曲和固定成形，电路板的尺寸为8 mm × 20 mm.

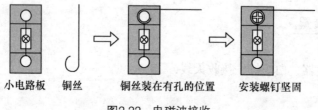

小电路板　铜丝　铜丝装在有孔的位置　安装螺钉坚固

图2.22　电磁波接收

电路板的两端镀锡并各开一个3 mm的孔，并将小白炽灯焊接在两孔之间. 将一段计算好长度的铜丝一头弯曲成半环状，并用螺钉紧固于电路板一端开孔的位置. 伸出来的铜丝用手弯曲成需要的形状，形成接收天线.

接收天线的个性化设计，电磁波感应器的接收天线采用多种天线形式，可供参考的类型，包括半波天线、V型天线、环形天线、螺旋天线等. 以线圈、环状铜丝作为接收器，穿过线圈的变化磁场在线圈中感应出变化电流，使灯泡发光. 在实验支架上水平移动电磁波感应接收装置，可以观察和测量电磁波的传播规律. 如果在传播方向上设置金属反射板，则可以观察到干涉现象. 设计1个可旋转支臂，将感应接收装置置于旋转臂末端，可以观察和测量折射波和透射波. 干涉所产生的驻波在空间形成波幅和波节，据此可测量出电磁波的波长．

利用生活中常见的音箱等器材，可以制作一个电磁波发射和接收的趣味实验．把漆包线在一个直径30 cm的纸筒上绕30圈，绕制两个这样的线圈．确定有源音箱左右两个箱体的"音频输出"标志，把绕制好的一个线圈连接到音频输出接口．把绕制好的另一线圈接到3.5 mm的耳机接头上．把耳机接头插入复读机的信号输入插口．把有源音箱接到电脑上，播放音乐．把复读机开至录音状态．电脑播放音乐暂停，利用复读机播放刚才录的声音，再现刚才电脑里播放的音乐．这是因为有源音箱产生变化的电流，利用线圈产生电磁波，另一线圈接收电磁波，使声音重现．两个线圈，一个用来发射电磁波，另一个用来接收电磁波．该实验使用有源音箱，相当于一个音频放大器，也可以使用CD播放机和音频放大器连接．

【16】 制作电磁炮

趣味猜想

常规火炮依靠燃烧火药产生的巨大推动力，将炮弹发射到远处产生巨大的杀伤力．但是有一种电磁炮，发射的时候没有火药的硝烟，而是依靠电流作用发射炮弹．电磁炮的科学原理是什么？我们能否制作一门简易的电磁炮呢？

实验装置

缝衣针、线圈、电容器、闭合开关．

原理探究

电磁炮是没有火药推动的新型武器，它的原理非常简单．19世纪英国科学家法拉第发现磁场中的通电导线受到力的推动，导线在磁场中切割磁力线，导线上会产生电流．最简单的电磁炮设计包括两条平行的导轨组成轨道，弹丸夹在两条导轨之间．两轨道接入电源，电流经过导轨流向弹丸，再流向另一导轨产生强磁场，磁场与电流相互作用，产生强大的洛伦兹力推动弹丸，达到很高的发射速度．

电磁炮是冷战时代美国"星球大战"计划的重点项目，被视为对抗核弹的秘密武器. 电磁炮可用于提供超视距火力支援，摧毁低轨道卫星和导弹，代替高射武器和导弹执行防空任务. 电磁炮主要由能源、加速器、开关三部分组成，目前实验用的能源有蓄电池组、磁通压缩装置，单极发电机是近期内最有前途的能源. 加速器把电磁能量转换成炮弹动能，使炮弹达到高速. 开关是接通能源和加速器的装置，能在几毫秒之内把兆安级电流引进加速器中. 2005年美国海军重新启动电磁炮研究，预计2025年前正式配备军舰. 2011年美国海军宣布成功试射电磁炮，炮弹速度高达5倍音速，射程远达200 km.

如图2.23电磁炮演示，炮弹是放于上部线圈内的一根缝衣针，下部是供给线圈电能的电源装置，合上开关后，缝衣针能飞向数米远的射击目标. 图中K为单刀双掷开关，C为容量较大的电解电容，L为电磁炮的驱动线圈（自制）. 实验时先将K扳向1，使C处于充电状态，然后将K扳向2，这时C进入放电状态，电容C内的约0.1 C的电量在1 ms之内通过L进行放电，形成瞬间强大放电流，产生一个瞬态较大的磁场力，电磁炮管内的缝衣针很快飞出.

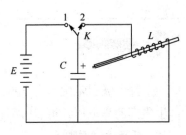

图2.23　电磁炮演示

如图2.24电磁炮实验，以下是较为复杂的电路设计，用直径为0.4 mm的漆包线绕在内径约为6 mm、长15 cm的玻璃管，漆包线绕1 000匝，做成长6 cm的螺线管. 用220 V交流电通过整流电路整流，对两个并联电解电容器（共800 μF）充电. 弹体为直径3 mm、长4 cm的普通铁钉，去掉铁钉的粗头. 把铁钉尖端放入螺线管口0.5 cm处，炮弹获得动能与电容器电能成正比，电压一定时，电量与充电时间成正比，利用充电时间长短来调节弹体发射速度大小. 质量为4 g的铁钉，发射速度可以达到15 m/s.

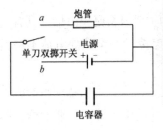
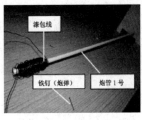

图2.24　电磁炮实验

【17】 静电吸引实验

趣味猜想

　　静电吸引是生活中常见的自然现象，用普通的塑料吸管摩擦起电后，产生很高的静电压，可以吸引很多细小的物体，有些东西还是我们难以想象到的，赶紧试试看吧.

实验装置

　　验电瓶、木条旋转台、布、塑料棒.

原理探究

　　塑料吸管是日常生活中随处可见的小物品，它的主要材料是聚丙烯，具有良好的电性能和高频绝缘性能. 吸管与毛皮或丝绸等摩擦后产生的静电荷不易泄漏，容易形成电荷的积累.

　　将与毛皮或餐巾纸摩擦后的吸管靠近滴水的水龙头，吸管可以牵动水的流动方向. 带电吸管很容易与导体产生作用，它还能吸引纸片、羽毛、细砂糖、冰块、木条等难以导电的绝缘物体. 把蛋立在酒杯里，在蛋上放根直尺保持平衡，拿一根摩擦过的吸管接触尺的一端，直尺左右不停摆动. 在椅背上放一根细长的拐杖，用很长木棒也可以，使拐杖在椅背上保持平衡，拿一根摩擦好的吸管接近拐杖的一端，拐杖开始摆动．把一张薄纸卷成筒状，把下端撕成流苏状，贴在自来水笔上，把自来水笔立于台上，用摩擦的吸管接近纸流苏，流苏开始振动．吸管与餐巾纸摩擦后靠近铝制的易拉罐，可以吸引易拉罐向前滚动．用静电测电仪检测，带负电的吸管上产生2 000 V电压，易拉罐上产生100 V电压．

两种介电常数不同的物质接触、摩擦时物体之间或内部带电粒子扩散、迁移而形成物体表面电荷的集聚，呈现带电现象．吸管与纸张、毛皮等物体摩擦时，电荷从一物体表面转移到另一物体表面，两个物体带上不同的电荷．物质的分子或原子由电子和带正电的原子核构成，带电粒子在电场中受到静电力作用而形成电荷重新分布，对原电场产生影响．导体中的电子可以自由移动，静电平衡时感应电荷分布在导体外表面上．对于绝缘体（电介质），内部没有自由电荷，但有束缚电荷，它们可以在小范围内移动．电介质极化的微观机制包括电子位移极化、无极分子的离子位移极化、有极分子的取向极化．把绝缘体放置在外电场中，由于电介质的极化而与外电场发生作用．

先用布与塑料棒摩擦数下，将塑料棒靠近验电瓶（不接触），观察验电瓶感应情形．将验电瓶靠近旋转台木条确认木条的带电性．以摩擦过的塑料棒靠近旋转台木条．带电塑料棒的周围的电场会感应木棒分子，加强木棒分子的极化状态，其总极化的合成即为电偶极效应．电偶极在均匀电场中会受到转动的力矩，在非均匀电场中受电场较强的方向吸引．

取一根L形吸管，两端分别与餐巾纸和橡皮摩擦，将L形吸管水平放置在可以自由转动的绝缘支架上．吸管支架放置在显像管电视机前，开机时吸管发生偏转，关闭后吸管恢复到原来的状态．同一种物体用不同的材料来摩擦，可以产生不同的电荷．与餐巾纸和橡皮摩擦过的吸管两端分别带上负电荷与正电荷，由于吸管材料聚丙烯具有不让电荷流失的特性，因此两种电荷不会产生中和而失去带电性．开机时显像管中大量电子发射到屏幕上产生图像，吸管带有正电荷的那一端受到负电荷的吸引会偏转到屏幕一端．利用L形吸管能同时吸附两种不同电荷的特性，将它制成简易的验电器，可以方便地检测两种不同物质相互摩擦后的带电情况，分析不同物质吸附电荷的本领大小．将羊毛衫和聚酯纤维衬衣的袖口互相摩擦，用吸管验电器检测发现，羊毛衫袖口产生正电，衬衣袖口产生负电．

【18】 磁力小火车

趣味猜想

　　利用铜线、电池、扁圆柱形磁铁制作的磁力小火车，即使没有车轮也能够自由地运行，到底是什么力推动小火车前进呢？

实验装置

　　直径1 mm的铜丝、直径20 mm的圆柱体、稀土磁铁，7号电池.

原理探究

　　将铜丝一圈挨着一圈缠绕在圆柱体上，铜丝圈缠绕得越整齐，磁力小车运动越顺畅. 如果铜导线为漆包线，需用工具刀把铜丝剥出来，如图2.25磁力火车原理.

　　不能将铜丝绕得过密靠在一起，因为铜丝表面导电，制成的铜质螺线管轨道成为一个导电整体. 采用7号电池和两块长约15 mm比电池直径略大的扁圆柱形磁铁，将两块扁圆柱形磁铁分别吸附在7号电池的两端，将磁铁与电池的结合体放置在铜线螺旋管中，磁力小火车制作完成. 磁铁靠近电池两端，磁极相对，一种情况是电池两端的正负极都与N极连接，另一种情况是电池两端的正负极都

与S极连接，只有这两种情况的磁铁和电池
的组合体才能运行．虽然靠近电池两端的
磁铁磁极相对，相互排斥，但是电池两端
的扁圆柱形磁铁对电池吸引力大于排斥力，
磁铁能吸附在电池两端，采用扁圆柱形磁
铁的优点是磁力小火车能平稳运行．

（a）磁力小火车平面示意图

（b）磁力小火车立体结构图

如图2.26磁力小火车运动，磁铁和电
池组合体进入铜质的导电螺线管内，电池
两端的磁铁与螺线管轨道保持接触，形成
一个完整的闭合回路，通电螺线管产生磁
场，磁铁与通电螺线管产生的磁场发生相
互作用．电池两端的磁铁与螺线管轨道的
接触部位为通电螺线管的边缘，通电螺旋
管两端产生的磁场是非均匀磁场，磁铁处
于非匀强磁场中．当磁力小火车全部进入
螺线管轨道时，它会自动运动起来．假设

（c）通电螺旋管产生磁场示意图

图2.25 磁力小火车原理

磁力小火车在水平螺线管轨道上是直线运动，电池电压不变，闭合回路的电阻越
小，电流越大，磁场强度越大，磁场对磁铁的作用力就越大．当电池电压一定
时，闭合回路的电阻越小，电流越大，磁力小火车的功率越大；闭合回路的电阻
越大，磁力小火车的功率越小．磁力小火车的质量越大，其与螺线管的摩擦力越
大，摩擦产生的热功率越大，磁力小火车的功率越小．电池的电压大小、磁铁磁
场强度、螺线管轨道弯曲度等因素对电磁小火车的速度和功率也会有影响．

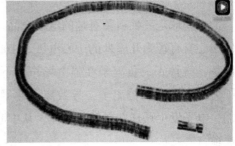

图2.26 磁力小火车运动

【19】 辉光球实验

趣味猜想

手拿一根日光灯管，慢慢靠近辉光球，没有接通电路，日光灯管竟然发出亮光.难道是人体导电使得灯管发光，人体没有触电的危险吗？

实验装置

辉光球、日光灯、氖管.

原理探究

辉光球是一种新颖有趣的电子产品，封闭玻璃球壳内充有少量惰性气体，球体中心有直径为几厘米的中心电极，中心电极产生直流高压，极间电压达到几千伏特，气体正、负离子在强电场作用下产生快速定向移动．离子与其他气体分子碰撞，产生新的离子，导致离子数量急剧增加，离子在碰撞之间获得足够动能，电子发生跃迁并且放出辉光，从中心电极向四周发射数十条火花放电的发光通道.

接通辉光球的电源开关，调节电压到最大值，玻璃球内发射数十条火花放电.因为玻璃外壳和大地通过电容耦合组成高阻抗，高频电流通过玻璃外壳流向大地.

手指触及辉光球的玻璃外壳，有一条较明亮的火花放电射向人的手指，随手指移动而移动．由于人触及玻璃外壳，玻璃外壳直接接地，减小玻璃外壳对地的阻抗，玻璃球体出现一条明亮的发光通道．由于趋肤效应，高频电流只流经人体皮肤表面，不流向人体内部器官，实验是无危险的，如图2.27手指接触辉光球．

图2.27　手指接触辉光球

　　取一根40 W日光灯管，用右手握住日光灯管外的玻璃管一端，将日光灯的另一端电极靠近玻璃外壳，日光灯管发出不太亮的荧光．把日光灯管的灯脚触及玻璃外壳，日光灯管发出较亮的荧光．取一只验电笔中的氖管，用大拇指和食指捏住氖管的一个电极A，将氖管的另一个电极B对准辉光球外壳，逐渐靠近它，当氖管的电极B离开辉光球外壳数十厘米时，氖管中两电极之间发出较弱的橙色辉光放电．右手手指捏氖管的一个电极，另一个电极对准辉光球的外壳并相距10～15 cm，氖管中的两电极之间发出辉光放电．将左手手掌插在辉光球外壳和氖管之间的空间，高频电流从中心电极—火花放电—玻璃外壳—空气中无声放电—人体—大地，氖管就停止辉光放电．调节辉光球的中心电压处于较低值，用双手鼓掌发现发光通道改变．在辉光球附近放节奏感较强的音乐，火花放电的发光通道会翩翩起舞．由于声波影响玻璃壳内惰性气体的运动状态，火花放电的发光通道发生变化．

　　如图2.28辉光球屏蔽实验，用金属夹子固定日光灯管，沿着金属支架在A端、B端之间上下移动．使辉光球1处于工作状态，把灯管4的D端接触辉光球体，灯管发出红色的辉光．这是由于辉光球体表面存在高电势，灯管通过金属夹子与大地连通，电势为0，灯管内部存在较大的电势差，能够激发灯管内的气体分子跃迁而发出辉光．把灯管D端离开辉光球，灯管的亮度减小，移动距离大约30 cm处，灯管的发光红色消失．这说明辉光球的电场和电势变化，距离越远则电势越小，最终灯管内部的电势差减小到无法激发气体分子发出辉光．

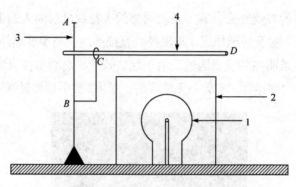

图2.28　辉光球屏蔽实验

固定金属夹子和灯管，靠近球体5 cm左右，使灯管发出红色辉光．把金属夹子套在灯管的一端位置C，通过导线连接金属支架．此时灯管只有C端和D端之间的部分区域发出红色辉光，其余区域显示为不发光状态．这是由于金属夹子C端与大地连通，电势为0，C端和D端之间的灯管区间存在电势差，能够激发气体分子发光．但是C端和其左段的灯管之间的电压为0，无法激发气体分子定向移动，因此不会发出辉光．

在辉光球壳周围空间存在大量被电离的带电粒子．用日光灯的发光变化来显示电场屏蔽，能够对比电介质、导体在静电场中的性质特点．在辉光球壳的PVC外罩2上，放置一块绝缘材料（塑料板、纸板、木板等），将日光灯管的D端接触绝缘材料，日光灯管的发光亮度没有明显变化，表明前后两次电场变化微小．塑料板、纸板等是绝缘材料（电介质），电介质处于静电场中，会出现电荷的极化现象，同样在电介质表面有电荷分布，周围空间存在电场与电势分布．在辉光球壳的PVC外罩上放置铜板（或铝板、铁板）等金属，出现明显的差异现象．当铜板与地面不接触时，日光灯接触铜板或者离开铜板，发光都比接触绝缘材料更亮，表明金属板对电场具有会聚作用，使得该区域的电场和电势增加．当铜板连接导线接地时，铜板没有和玻璃球壳接触，铜板和地面的电势都为零，无论日光灯管是否接触铜板，都没有发光，显示铜板具有良好的屏蔽电场作用．

【20】 火焰开关

趣味猜想

　　石墨制作的铅笔芯是导体，导电能力与温度密切相关. 室温下玻璃是良好的绝缘体，在某些特殊情况下玻璃也能够成为良好的导体，导体与绝缘体的区别难道受到外界温度的强烈影响吗?

实验装置

　　干电池、小电珠、玻璃丝、石墨.

原理探究

　　用导线把一节干电池、一只小电珠、长7 cm铅笔芯连成电路，调节铅笔芯串入电路中的长度，刚好使小电珠不发光. 划燃一根火柴并加热铅笔芯，不久后小电珠就能点亮. 火柴一旦熄灭，小电珠也慢慢地熄灭. 铅笔芯是用石墨做的，石墨能够导电，电阻会随着温度上升而减小. 用火焰加热铅笔芯时，铅笔芯电阻减小到电路中有足够大的电流，小电珠就亮；铅笔芯温度降低，电阻随之增大，当电路中电流强度充分小时，小电珠就熄灭. 如图2.29蜡烛实验，是用蜡烛燃烧铅笔芯的类似实验装置，同样可以发现灯泡由暗到明的变化过程.

图2.29　蜡烛实验

　　室温下玻璃是良好的绝缘体，加热到1 000 K时随着玻璃熔化，玻璃可能变为导体．两个陶瓷灯泡插座串联后连接到家用交流电源线，当两个灯泡的额定功率相同时，将电源线插好，它们都通过相同电流，发光强度相同．当一个灯泡被拧开时，电路被破坏，另一个灯泡熄灭．如果用导线代替坏掉的灯泡，电路再次被连接完整，余下的灯泡将再次点亮．破碎的灯泡插入空的插座，小心地敲碎灯泡，保护基架的玻璃丝，修剪多余的导线，留下一个玻璃杆在螺杆式底座．在整个过程中应使用安全眼镜和手套．插上电源线，完整的灯泡仍然熄灭，因为在其他插座上的玻璃电阻太高，室温下不能通过足够的电流．用火焰喷枪加热插座上伸出的玻璃杆，小心地控制火焰的方向，避免加热任何其他部分．随着与带电导线接触的玻璃点亮并开始熔化，玻璃变成一个导体，通过足够的电流来点亮其他灯泡．一旦灯泡点亮就移开火焰，随着玻璃冷却，导电性降低，明亮的灯泡开始变暗．

【21】 尖端放电

趣味猜想

　　导体带电时，导体表面突出和尖锐的地方，电荷分布比较密集，附近形成很强的电场，容易形成尖端放电. 有哪些实验方法可以形成尖端放电，产生各种有趣的实验现象呢?

实验装置

　　玻璃棒、感应起电机、铝片、铁架台等.

原理探究

　　将缝衣针固定在有机玻璃棒上，玻璃棒用夹子固定在铁架台上，在针下方放一只盛满清水的塑料盆，塑料盆放在绝缘板上针尖端距水面5~10 cm处，用导线将针与感应起电机的一极相连，再将一根导线一端与验电器相连，另一端裸露部分插入水中. 转动起电机，由于针的尖端放电，水带上同种电荷，验电器箔片逐渐张开，如图2.30所示.

　　取一块圆形铝板固定在绝缘支座上，绝缘支座用玻璃棒固定在底座上制成，将缝衣针装上塑料棒后固定在铁架台，调节铝板与针尖端间距6~8 cm，用导线将铝板和缝衣针分别与感应起电机相连，将点燃的蚊香放在铝板和针之间．让起电机起电，铝板和缝衣针带电，蚊香烟被铝板吸附，模拟静电除尘，如图2.31所示．

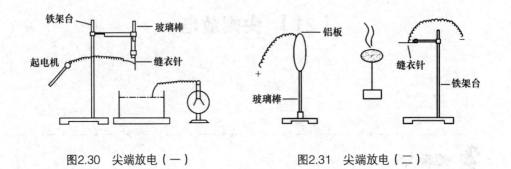

图2.30　尖端放电（一）　　　　　　　　图2.31　尖端放电（二）

取两个易拉罐，剪一部分铝皮，将铝皮碾压平整，剪出直径为8 cm的圆，再剪成如图2.32（a）样式的风车，尽量使叶片对称，在其中心处打一小孔，嵌上子母扣作支撑轴承，取缝衣针固定在绝缘支座上，针尖端顶在子母扣的凹坑处．用导线将针与起电机一极相连，转动起电机起电后，由于叶轮尖端放电，在反冲作用下风车旋转起来，如图2.32所示．

取一次性薄纸杯，在杯底中心处打一小孔，嵌上子母扣作支撑轴承．取自行车辐条一根，一端挫尖，另一端固定于小木块上，尖端顶在子母扣的凹坑里．再取两片大一些的易拉罐铝皮，碾压平整，分别剪成长约10 cm、宽约4 cm的长方形，而后剪成排针状，将两个排针用塑料夹固定在绝缘支座上．排针尖距纸杯约1 cm，两个排针的尖端指向纸杯的切线方向，用两根导线分别将两排针与起电机相连，不断摇动起电机．由于排针的尖端放电，形成两股电风从两侧吹向纸杯，纸杯旋转起来，如图2.33所示．

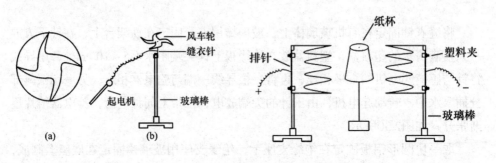

图2.32　尖端放电（三）　　　　　　　　图2.33　尖端放电（四）

将两个装有绝缘柄的圆形薄铝板用夹子固定在绝缘支座上，板面平行，间距约4 cm. 玻璃棒固定在支座上，用导线把两板分别与起电机两极相连. 取一块浸酒精的脱脂棉球，放在下板上，不断摇动起电机，棉球与上板间出现啪啪的放电声，酒精棉将被电火花点燃. 将比棉球稍高的针状金属物放在下面金属板上，摇动起电机，酒精棉无法点燃，如图2.34尖端放电（五）.

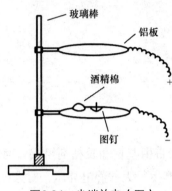

图2.34　尖端放电（五）

【22】 胶带高压静电实验

趣味猜想

　　日常生活中常见的胶带由基材和胶粘剂组成，通过粘接使不相连的物体连接在一起.胶带还能够产生很大的静电高压，对人体是否有触电伤害呢？

实验装置

　　胶带、日光灯、氖泡、LED等.

原理探究

　　胶带产生的高压静电可以使日光灯、验电笔内的小氖泡、LED等瞬间闪亮，这种无法产生足够触电电流的弱电流高压，人体碰到不会有任何触电伤害. 如图2.35胶带放电，撕下长10 cm的胶带，密贴在玻璃板或与地绝缘的光滑板上，快速用力撕下能产生数百伏甚至上千伏的电压，可使日光灯（10 W、20 W）或氖灯瞬间闪亮. 产生电压高低与胶带密贴、贴面材料以及拉起的速度、空气干湿程度有关. 在干燥的冬天，产生的电压更高. 先用夹子线的一端夹在接地金属水管上，夹子另一端夹在发光元件（如日光灯）一端，发光元件另一端悬空. 快速撕下胶带后，将胶带的末端触碰发光元件没有夹夹子一端，看到元件发出微光. 因为胶带面积有限, 获得的电量很小, 放电电流仅在100 μA左右, 通过人体有轻微感觉的电流约在200 μA以上. 换用透明玻璃做成的小氖灯, 较容易看到它的亮光.

图2.35 胶带放电

在冷气空调室内, 穿上两件易于起静电的毛衣, 快速脱下一件毛衣, 可产生相当高的静电. 在光线昏暗的情况下, 用手指触摸日光灯管的引接脚, 可观察到日光灯闪亮. 这样产生的静电电压相当高, 比胶带产生的静电电量高出好几倍. 人体面积比胶带面积大数百倍, 足以使小氖灯或40 W的日光灯管明显闪亮, 注意氖灯与日光灯的另一端要事先与大地相连接.

寒冬季节脱下毛衣外的耐寒绒外套时, 听到强烈的撕拉声. 用日光灯管直接接触衣服, 手握灯管在衣服上不停轻挥, 甚至不用触碰衣服, 能够持续闪亮数十分钟. 这并非取用衣物上的静电, 而是不停挥动灯管, 灯管远近移动造成灯管内部电子感应的强弱发生变化, 灯管内来回奔跑的电子流使日光灯点亮. 当灯管静止时, 不管衣物与灯管的距离有多近甚至触碰时, 都不会闪亮. 将透明塑料袋包裹在20 W的日光灯灯管上, 左手轻握夹在灯管上的塑料袋, 右手不停地推拉灯管20次左右, 灯管会一直点亮. 灯管发出的亮度, 足够在黑暗中行走照明. 此时塑料袋带有相当高的静电, 若将灯管与塑料袋快速远、近距离地挥动, 日光灯灯管也会不停地闪亮. 将气球放在腋下与易起静电的衣服摩擦, 测得静电电压也很高.

以下是利用保鲜膜使人体产生静电高压的趣味实验. 保鲜膜实验中, 实验者甲先站在地上, 实验者乙在甲身上裹上保鲜膜. 甲拿着验电羽走上泡沫板. 乙从甲身上快速揭下保鲜膜, 观察验电羽和筷子的运动. 此时发现验电羽张开, 筷子则被吸引而发生转动. 甲将左手收回, 乙手持氖泡接触甲的左手手指, 气泡产生明显的放电现象. 人体站在泡沫板上会阻止电荷流向大地, 保鲜膜的原料聚乙烯是一种良好的非极性材料, 容易产生静电. 人体揭下保鲜膜后人体就会带电, 电荷传导到验电羽, 验电羽会膨胀开, 带电人体吸引轻小筷子发生旋转. 当带电的甲与站在地面的乙之间通过小氖管连接的瞬间, 甲身上的电荷通过小氖管和乙流向大地, 其间形成的电流使小氖管发光.

【23】 静电复印成像

趣味猜想

　　静电复印机是常用的现代办公设备，集合了光学技术、电子技术、机械技术等综合技术，具有结构复杂、部件精密等特点.采用常见的实验器材，普通人也能够直观认识它的工作原理和过程，自己设计和制作精美的复印图案.

实验装置

　　静电发生器、墨粉、纸张等.

原理探究

　　静电复印机分为模拟复印机和数码复印机两种，工作原理和成像过程类似，包括潜像形成（充电、曝光），图像形成（显影、转印、定影），残留图像清理（清洁、消电）等阶段.

　　以下采用简单实验装置模拟静电复印过程. 设计静电成像复印装置，通过静电发生器输出高压，电极在纸面移动而产生电晕放电，纸张吸附电荷后形成静电潜像，如图2.36静电成像.

　　利用瀑布显影方式，带电墨粉从上方流过纸面并且形成可见图像，红外加热使墨粉融化而定影．墨粉也称色调剂，是静电成像的重要物质，与载体组成显影剂，定影在纸面形成图像．当前干式双组分负电性墨粉的使用比较普遍，本装置以负电性墨粉为例，详细说明载体的配置以及静电成像过程．把载体和负电性墨粉按照一定比例倒入干燥洁净的密封塑料容器内，密封容器后上

图2.36　静电成像

下摇晃，使墨粉和载体相互摩擦而带有不同电荷，显影剂中的墨粉比例控制在3% ～10%．用静电发生器创作文字或图像时，金属电晕丝输出正电荷，把防护罩贴近纸面上方位置，移动电晕丝书写文字或者描绘图案，纸张表面吸附和积累正电荷，形成肉眼看不见的静电潜像，然后用负电性墨粉进行显影．如果静电发生器输出的电荷极性与墨粉的极性相同，由于同性电荷相互排斥，墨粉不会被吸附到纸面上，无法形成文字或图案．

　　如图2.37静电成像装置，实验设计的显影装置基本结构有：上挡板1；摩擦带电墨粉2；复印纸张3；绝缘面板4；加热器5；面板支架6；接地导线7；下挡板8；PVC隔离板9；塑料容器10；载体11；墨粉12．

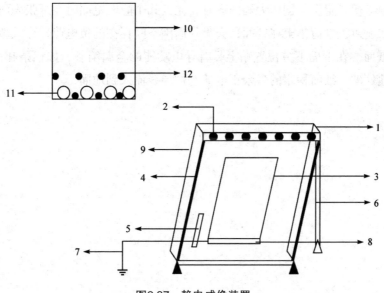

图2.37　静电成像装置

　　上挡板由绝缘塑料或木板等构成,在上挡板中均匀倒入摩擦带电的墨粉,提起上挡板,使得墨粉缓慢均匀地流向底部.纸张平铺在面板的表面,面板由绝缘材料(塑料或木板等)构成,具有较好的硬度与平整度,用静电枪电极在纸张表面电晕放电,控制输出高压为6 000~7 000 V.金属电极距离纸张表面约为2 cm,保证电晕丝产生的电荷在空气中运动较短距离后能够有效到达纸张表面,如果运动距离太长,电荷与空气分子发生激烈的碰撞,难以保证足够数量的电荷到达纸张表面.墨粉经过纸张表面时,异性电荷相互吸引,墨粉吸附在纸张表面而形成可见的图案.墨粉在纸张表面滑动受到摩擦力作用,为了控制墨粉的流动速度,绝缘面板通过绝缘支架与水平面之间形成一定的倾斜角度,面板倾斜角θ设计在40°~70°.墨粉颗粒很小,直径为5~15 μm.在面板上方设计透明的PVC隔离板,使面板与外界环境隔离,避免墨粉飞撒到周围空间.操作者可以佩戴口罩,防止吸入墨粉颗粒.隔离面板可以是其他透明绝缘材料,如有机玻璃或PC板等.

　　以上装置进行瀑布显影,墨粉在纸面形成的图案不牢固,仅靠静电作用而吸附在纸面.开启位于底板的加热装置,纸面温度升高到120~150 ℃,此时墨粉颗粒熔化,渗透到纸面内部,形成清晰稳定的静电图案.设计红外线灯直接加热,功率根据面板大小和纸张规格确定,保证纸面升温迅速,面板受热均匀.对于流失到面板底部的墨粉,利用下挡板收集后重新利用,加入到墨粉盒中,下挡板采用绝缘塑料制作.创作大幅图案时,尤其几个静电枪同时在纸张表面输出电荷,例如喷射正电荷集聚在纸面,会吸附周围空间存在的负电荷,导致墨粉无法吸附到纸面.在纸面下方位置贴上具有导电功能的金属箔条,如铝条和锡纸等,通过接地处理,纸面积累的多余正电荷经过导线流入到地面.

【24】 金属板发射电磁波

趣味猜想

　　电磁波包括无线电波、微波、红外线、可见光、紫外线等，利用简单的金属板和收音机等，也能够探究电磁波的发射和接收过程，揭开电磁波的神秘外衣.

实验装置

　　铝板、录音机、收音机、铝箔等.

原理探究

　　选两块边长30 cm、大小相同的铝板，将它们竖直立在水平桌面上，两板间隔一定的距离且互不平行．用与导线相连的金属夹各夹住一块铝板，再将与导线另一端相连的插头插入收录机甲的外部扬声器插口，发射装置就做好了，如图2.38电磁波发射．

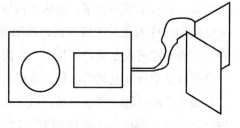

图2.38　电磁波发射

制作接收装置，只需将插头插入另一台收录机乙的外部话筒插口．将作发射用的两块金属板与作接收用的两块金属板相对放置．在收录机甲中播放一盘磁带中的乐曲，电磁波将由与收录机甲相连的两块金属板发射出去．按下收录机乙的暂停按钮，再按下录音按钮，收录机乙可以起到扩音器的作用，开始播放所接收到的音乐，如图2.39电磁波接收．

最简单的电磁波发射装置包括准备一把锉刀、一节干电池和一些导线．让电池的负极通过导线和锉刀的手柄处连接，或将电池的负极直接放置在锉刀的手柄处，并使它们接触良好．电池的正极再接一根导线，手持这根导线的另一端，使导线的端点在锉刀的刀面上来回滑动．由于锉刀面凹凸不平，导线与锉刀面断续接触，电路中的电流时通时断，时大时小，并且由于导线内的电流变化很快，从而产生了电磁波．取一只普通的收音机，打开音量开关，再转动调谐旋钮至广播电台的空隙处（即收不到广播），并将音量开大，摆放在锉刀旁边．当导线的端点在锉刀的刀面上来回滑动时，产生的电磁波经收音机接收和放大，便会发出"喀喀"的杂音．

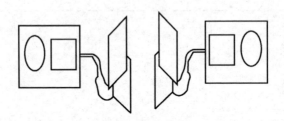

图2.39　电磁波接收

用铝箔包装收录机，电场无法进入金属内部．将有声音的小型收录机用铝箔包上，就听不到声音了，这其实是电磁波的屏蔽作用．将小型携带式的收录机调到AM频率，选择某个台，能够听到播音．在播音的状态下将这个收录机用铝箔包起来，就听不到声音了；然后再慢慢打开铝箔，又能听到声音．如果选FM台，就要使用拉杆天线，天线与铝箔接触就会有杂音产生，选AM台就不会有这种问题．电场不能进入金属内部是因为自由电子在受到外部电场的作用下在内部形成一个可以抵消外部电场的电场．金属内部的电子在变动的电场作用下同样可以形成电场来抵消外部的变动电场．从表面射入的电磁波要在金属内被抵消需要一定的厚度，这个厚度与电磁波频率的2次方成反比．在500～1 500 kHz的AM范围，其厚度为0.1 mm．

【25】 静电摆与静电斥力

趣味猜想

　　静电作用包括静电引力和静电斥力，以下设计有趣的实验，直观地展示带电物体的静电吸引和排斥作用.

实验装置

　　两只金属易拉罐、气球、三块绝缘平板、硬币等.

原理探究

　　制作前将实验器材全部洗干净，再暴晒干燥. 需要强调的是，必须在晴朗、干燥的天气下进行，如果空气潮湿，实验就不容易成功. 对实验设备绝缘要求也很高，如果绝缘性能差，电荷很容易流失. 把两块绝缘板放在桌上，每块板上放一个易拉罐. 在第三块板上穿线悬吊一只回形针，并把这块板像桥梁一样架在两个易拉罐上，调整实验装置，使回形针位于两罐当中，与每个罐子距离都保持在 1 cm左右. 现在把气球吹大并扎紧. 用干燥的毛衣或尼龙布等材料摩擦气球，然后把气球接触一个罐子，回形针就开始像钟摆一样左右摆动起来. 气球经摩擦后带上静电荷，当靠近或接触罐子时，一部分静电荷转移到罐子上. 原本不带电的回形针受到带电罐子的吸引，靠近并接触带电罐子后获得电荷，带电罐子的吸引力消失，回形针受重力作用回到原位．但是所获得的电荷又使它受到另一个不带电罐的吸引，向另一方向摆动，这样反复几次，直到三者之间的静电荷接近中和，无法再引起回形针摆动为止．

硬币实验中，两枚硬币漂浮在水面上，它们靠近到一定距离会相互吸引到一起，可用静电分离两枚硬币．为防止静电干扰，盛水盆不要选用金属的．取一根有机玻璃棒（直径6~8 mm），将它裹在丝绸内用力摩擦数次，玻璃棒带有大量正电荷．将玻璃棒置于两枚硬币上方，尽量靠近但不能接触硬币，也不能使棒沾上水，随着玻璃棒靠近，两枚硬币会自动分离．在硬币重力与水表面张力的共同作用下，水面像一层橡皮膜似地呈凹形，硬币向低洼处移动而紧靠在一起．带电玻璃棒接近两枚硬币交界处上方时，由于静电感应，硬币与水面都感应大量电荷，极性与玻璃棒电荷相反，硬币间出现一对斥力，硬币相互推离．水面带电能减小表面张力，由于硬币外侧远离带电棒，外侧水的表面张力大于硬币接近处水的表面张力，张力差的方向正是硬币趋于分离的方向．

把棉线挂在老式显像管电视机前2~3 cm远的地方，打开电视机，当声音和图像同时出现时，棉线会被吸引或离开显像管，有时先被推开然后又被吸过去，几秒钟后运动会停下来，电视机关掉时也会有同样的现象发生．电视图像是由电子束撞击显像管内表面产生的，电视机刚打开时，管子内表面有电荷产生，吸引或推开棉线的静电．这些电荷由管内15 000~25 000 V的高压产生，但是电荷不会造成伤害．

在小碟子里装一些干燥的米粒，把塑料汤勺与毛料布块摩擦，汤勺由于摩擦而带上电荷．把汤勺靠近盛有米粒的碟子上面，米粒受电荷吸引，自动跳起来吸附在汤勺上．刚刚吸上汤勺的小米粒，又像四溅的火花突然向四周散射．带电汤勺吸引米粒的时间很短，米粒吸附在汤勺上，带有与汤勺同样的电荷，由于同性电荷相互排斥，米粒全部散射开．

【26】 静电触电

趣味猜想

　　人体能够耐受的安全电压是 36 V，用塑料飞盘等制造的静电高压可达几千伏特，对人体是否有触电危险呢？

实验装置

塑料飞盘、金属片、镇流器、干电池等.

原理探究

　　把塑料飞盘用洗衣粉洗刷冲净并晒干，准备一块比飞盘略小的圆形铁片，在铁皮打小孔后用丝线穿过．用一块干燥的毛皮用力摩擦圆盘内侧，然后迅速拿开，用手提着丝线一端，避免手与铁片接触．将铁片放入圆盘内，圆盘上的电荷聚集到铁片上，用手指靠近铁片会有微麻的感觉，可看到电火花并听到放电响声．因为电压高而产生放电，但因电量少，电流持续时间短暂，虽有微麻感觉，但不会危及人体健康．实验效果受环境影响较大，干燥的天气容易成功．

　　人站立在一块较厚的干燥泡沫塑料上，一只手与桌面干燥的泡沫塑料块摩擦数下，人体就带了电．人体与泡沫塑料摩擦起电的效果很好，只要人不与其他导体接触，人体上的电荷就不会跑掉．用带电的手接近放在桌面上的乒乓球，球向手滚过来，能追随着手运动，可见带电体可以吸引轻小物体，也能吸引乒乓球等较大的物体．五号干电池两节，20 W日光灯用镇流器（非电子镇流器）一个，铜片两块，如图2.40静电高压．按图示电路连接好电路元件，开关断开．接通开关，把两手指分别按在两只铜片上，在断开开关的瞬间，产生很高的电压．当开关接通时，电池和镇流器构成闭合电路，产生稳定的电流．开关断开的一瞬间，镇流器中的线圈产生很大的自感电动势，与镇流器相连的两个铜片间形成瞬间高压．这种高电压小电流不会危及人体健康．

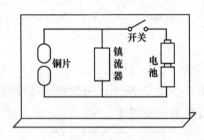

图2.40　静电高压

电蚊拍经升压电路在双层电网间产生高压电，电流小于10 mA，对人畜无害．两电网间的静电场有较强的吸附力，当蚊蝇等害虫接近电网时，能将它们吸入电网间，产生的短路电流随即将其电毙．电蚊拍直流高压虽然相当高，但能量却很小．存在干电池的内电阻和振荡变压器的内阻抗，电容器容量有限，只要有一点负载电流，电压就会立刻降低．电蚊拍可以用来验证电场的作用力，只要在同一夹子线的末端夹上两条宽5 mm、长20 cm的薄纸条，将纸条末端分开相互距离3～5 mm，再将夹子另一端夹在电蚊拍外网的负极上．按压电蚊拍按钮开关的同时，可看到两纸条互相排斥而离开．若用两条夹子线分别夹长纸条，夹子的另一端分别吊夹在电网的正、负极上，按压按钮时两纸条互相吸引而碰在一起．

【27】 静电屏蔽

趣味猜想

　　大家都有过手机在电梯里面信号很差，甚至没有任何信号的经历，有人说这是因为静电屏蔽作用. 我们能否利用金属网、手机、铝箔等器材，定量探究金属对电磁场的屏蔽作用呢？

实验装置

　　金属网、静电发生器、手机、铝箔等.

原理探究

　　法拉第笼是一种演示等电势、静电屏蔽和高压带电作业原理的设备. 它是一个由金属或者良导体形成的笼子，由笼体、高压电源、电压显示器和控制部分组成，笼体与大地连通，高压电源通过限流电阻将10万伏直流高压输送给放电杆. 当放电杆尖端距笼体10 cm时，出现放电火花. 由于笼体是一个等位体，内部电势差为零，电场为零，电荷分布在接近放电杆的外表面上.

　　用金属网圆筒做静电屏蔽时，被屏蔽的空间的场强不严格为零，场强分布随距离的增加而迅速减弱. 不同大小、形状相同的金属网孔静电屏蔽的效果不同，网孔越小，屏蔽效果越好．网孔边长大小相同，形状不同的金属网静电屏蔽的效果不同，菱形网孔的屏蔽效果好于正方形网孔．金属网圆筒接地好坏、场源强弱对静电屏蔽的效果影响很大．接地良好，即使网孔较大、场源较强，屏蔽效果也很好，特别是网孔很小，接地良好时可以做到完全屏蔽．

　　为了简单起见，将金属网看成均匀分布栅状导体．从场源发出的电力线有一部分终止在栅状导体上，另一部分从栅缝穿过进入被保护区，终止在无穷远处．只要离网孔的距离是网孔的数倍值，此处等势面即可看成平行平面，在这些地方金属网板就起到金属板相向的效果．验电羽放在金属网板组成的网罩中，跟放在金属丝网罩（离网罩的距离大于网孔）中受电场力的作用近似为零．用金属网罩可以代替导体壳演示静电屏蔽，验电体放的位置不能过于接近网壁，且验电体离网壁（孔）的距离一定要大于网眼（孔）的线度数倍．

　　将手机置于泡沫片上与电磁波检测器相距约5 cm，拨打手机后，身体至少离开30 cm以免干扰．固定手机与电磁波检测器摆设方式，调整检测器位置，观察电磁波强度变化情形．将手机置于泡沫片上与检测器相距约10 cm，拨打手机；再将手机放入网目边长为4 cm的铁丝笼，观察测到电磁波强度大小．更换网目边长1 cm铁丝笼，重复实验，观察所测电磁波强度大小．将铁丝笼以铝箔纸包覆，重复实验，观察所测到电磁波强度大小．由于辐射电磁波电场强度与距离成反比关系，功率则与距离平方成反比，电磁波打到金属上的穿透程度与频率方根成反比．以手机电磁波频率1800 MHz为例，打到铝箔上进入2 μm便已衰减63%，此深度称为集肤深度．通常孔径附近的能量称为近场，并不向外传递；距离大于数个波长以外的远场，频率越高、孔径越大，其隔离效果越差．

【28】　手掌电流

趣味猜想

　　1799 年，意大利科学家伏打用含食盐水的湿抹布，夹在银和锌的圆形板中间，制造出最早的伏打电池. 能否用人体演示伏打电池原理，感受微弱电流通过双手的奇妙体验呢?

实验装置

　　铜板、锌板、直流电压表.

原理探究

　　如图2.41手掌电流，用砂皮将铜板和锌板表面的氧化物砂去除，再将两根导线的一端分别和铜板、锌板相连，两根导线的另一端分别和直流电压表的两极（量程为0.5～1 V）相连. 将铜板和锌板放在桌子上，它们相隔10 cm，双手掌心沾一些清水后分别放到铜板和锌板上，直流电压表出现零点几伏的电压. 为了保证实验成功，人体电池的两个金属板必须是两种不同金属，如果用两块铜板作人体电池电极，直流电压表测量的电压为零. 任何两种不同金属板组成的人体电池，所产生的电压不等. 两只手掌上必须有大量的离子，双手沾有清水. 如果手掌心十分干燥，没有足够多的离子，人体电池在直流电压表上显示的电压就会很小甚至为零．将铜板和锌板分别插入装有纯净水的烧杯，电压表的读数为零．纯净水中没有离子．任何干电池和原电池必须有两种不同物质组成的电极，有电解液才能工作．

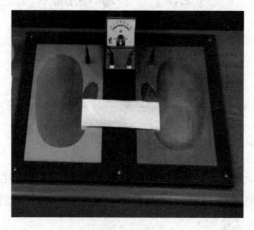

图2.41　手掌电流

【29】 钕铁硼磁铁实验

趣味猜想

　　钕铁硼磁铁硬而脆，充磁后吸重是自身重量的 600 倍以上，拥有极高的磁性能，最大磁能积高过铁氧体 20 倍以上. 用钕铁硼磁铁做实验，能够产生哪些有趣的现象呢?

实验装置

　　钕铁硼磁铁、LED、铝环、金属片等.

原理探究

　　将磁铁的运动与发光二极管LED的单向导电性联系起来，直观说明感应电流的交变性. 一根长为15 cm的中空塑料管，用直径为0.5 mm的漆包线绕成500匝的线圈，线圈两端与红色和绿色发光二极管（LED）焊在一起，将漆包线圈套在塑料管的中部. 将一个直径略小于塑料管的圆形钕铁硼磁铁放入两端封闭的塑料管内. 摇晃装有钕铁硼磁铁的塑料管时，红色和绿色的LED交替发光. 由于LED只能单向导通，说明手掌发电机产生方向时刻变化的交变电流.

　　铁架台上固定一根水平细杆，两根绝缘木棍或塑料杆可以绕水平细杆自由转动，裁剪两块边长5 cm的铝片分别固定在木棍下端. 将两片钕铁硼磁铁间隔10 cm放置在桌面上，其中一块铝片可以从中间穿越，见图2.53电磁刹车. 将两根木棍拉起相同的角度后同时释放，发现穿越钕铁硼磁铁的铝片很快就停止摆动. 将钕铁硼磁铁的距离缩小，铝片停止摆动的时间也缩短. 因为铝片在磁场之间摆动，且由于电磁感应在铝片中产生涡流，涡流的力效应使得铝片受到阻尼力而逐渐停止摆动. 将铝片切割许多隔槽，再次进行实验发现，穿越磁铁的铝片摆动时间显著增加. 由于切割后铝片完整的有效面积减少，涡流形式减少，电磁阻尼作用也减弱，摆动的时间增加.

铁架台上用细线竖直悬挂一根弹簧，弹簧底部固定一块钕铁硼磁铁. 手持半径为5 cm的铝片在磁铁下方来回移动，磁铁和弹簧也跟随移动. 若用半径较大的铝管套住钕铁硼磁铁上下移动，弹簧和磁铁也将上下移动，显示出较强的作用力.

下列用铝片进行的实验，显示出磁铁对铝片具有不可思议的作用力. 如图2.42铝片运动，裁剪一块半径为3 cm的铝片，将其漂浮在水面上. 手拿钕铁硼磁铁靠近铝片，快速向前或向后移动，铝片跟随磁铁一起运动，仿佛磁铁施加魔力作用于铝片上. 在光滑塑料面板上放一枚铝片，磁铁隔着塑料面板放置在铝片的下面. 缓慢移动磁铁，铝片不会移动；快速移动磁铁，铝片在塑料面板上跟随磁铁一起运动.

 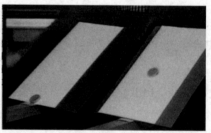

图2.42　铝片运动　　　　　　　图2.43　铝片下落

如图2.43铝片下落，把塑料片和铝片以相同的倾角放置在斜面上，两斜面都覆盖光滑的白纸. 把磁铁分别从塑料片和铝片上滑下，磁铁在塑料片上快速下滑，在铝片上的磁铁缓慢运动. 塑料片是绝缘体，磁铁在绝缘体上移动，虽然有磁通量变化产生电动势，但是不会形成涡流. 分别用黄铜（铜锌合金）、铝片、铜片覆盖白纸后进行实验，表明磁铁在黄铜片上滑动最快，其次是在铝片上，在铜片上滑动最慢. 原因在于这三种金属的电阻率不同，黄铜的电阻率最大，磁铁移动时在黄铜片上产生的涡流最小，对物体的阻碍作用也最小. 用磁铁在金属表面的滑动可以定性比较各种金属的电阻和导电性能差异.

【30】 切开水果生锈

趣味猜想

苹果、土豆等切开后会有一层黄黄的果锈在表面，看起来既不新鲜又不卫生.把土豆和电池连接，会出现哪些有趣的现象，果锈是否消失呢？

实验装置

土豆、导线、电池组.

原理探究

将土豆切成两半，把两根导线分别插入同一个土豆切面，其间相距约2.5 cm.导线的另外两头分别接上电池组的正负极.不一会儿，土豆切面的正极导线插入处出现绿斑，在负极导线插入处冒出气泡.用另半块土豆做同样的实验，通电前预先在正极导线的地方滴几滴柠檬汁，通电后观察是否有色斑出现.

土豆汁液中存在一定量的阴离子和阳离子，它们在电流作用下发生氧化-还原反应.正极插入处出现绿斑，就是阴离子被氧化后生成铜盐所特有的颜色，负极插入处冒出气泡是氢离子被还原后生成的氢气，实验可以用来判别未知直流电源的正负极，如图2.44土豆电池.如果改用化学性质稳定的铂丝作导线，仍然可以看到色斑，只是颜色为较灰暗的粉红色．土豆中某些化合物很容易被氧化，空气中的氧气可以促进氧化作用，速度不如通电来得快．苹果、桃等切开后暴露在空气中也会变色，为了防止冷藏水果生锈，通常在水果切口喷洒一些抗坏血酸溶液，主要成分是维生素C．维生素C是一种良好的还原剂，对人体无害，它比水果中那些易生锈的物质更容易氧化，在水果切面上率先把氧抢夺过来，从而保护水果．柠檬汁含有大量抗坏血酸，可以用来防止土豆或水果在空气中生锈．

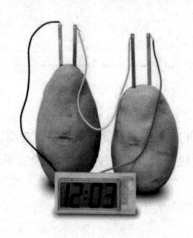

图2.44　土豆电池

【31】 人体带电

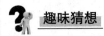

趣味猜想

由于人体的衣物相互摩擦产生附着于人体上的静电,干燥的季节人体静电可达几千伏甚至几万伏.能否设计简单装置使人体带有几万伏的静电高压呢?

实验装置

铁架台、泡沫塑料板、金属板等.

原理探究

将长导线一端与铁架台相连(压在铁架台下面),另一端与大地相连.将泡沫塑料板放在桌面上紧靠铁架台,将绝缘凳放在离开导电物约30 cm处,如图2.45人体带电.先用毛皮摩擦泡沫塑料板,然后站在绝缘凳上.手持固定有金属板的绝缘柄,将金属板放在泡沫塑料板上,与铁架台相接触.拿起金属板与身体接触,重复进行上述操作,身体带电量逐渐增多,出现头发竖起的现象.还可以用手举起一支验电羽,验电羽向四面伸展开.实验完毕后先用手接触木桌面,缓慢放电后再走下绝缘凳.实验利用的是感应起电,即静电感应现象,而不是简单的接触带电. 经过摩擦的泡沫塑料板上带有大量的电荷, 泡沫塑料板是绝缘体, 这些电荷并不能自由移动. 金属板放在泡沫塑料板上, 虽然有一些电荷转移到金属板, 但金属板与泡沫塑料的实际接触面积是很小的, 主要发生的是静电感应现象. 当金属板与铁架台接触时, 金属板接地, 再拿起金属板时, 它上面只剩下与泡沫塑料板所带电荷异性的电荷, 与人体接触以后, 使人体带电. 人体所带的电荷与泡沫塑料上所带的电荷是异种电荷. 在每次操作时, 主要靠静电感应使金属板带电, 泡沫塑料上的电荷量损失很小.

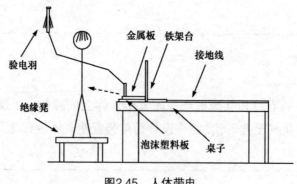

图2.45 人体带电

【32】 人体静电

实验装置

　　塑料王板、有机玻璃板、铝桶、验电器．

原理探究

　　实验在凉爽干燥的天气里进行．取一块塑料王板或苯乙烯硬泡沫塑料板，另外取一块有机玻璃板，边长均为40 cm×40 cm．丝绸用力摩擦塑料王板，使它带上大量负电荷．双脚脱掉鞋子站在有机玻璃板上，然后走到带负电的塑料王板上，人就带上负电荷，人体电位高达数千伏．用带电的手指去触摸验电器或静电计电极，验电器的金箔或静电计的指针立即张开一个较大的角度．如果桌面事先放一些灯芯草碎屑或小纸屑，带电手掌靠近这些碎屑，在静电场作用下这些纸屑被带电手掌吸引，在桌面和手掌之间不停地跳跃．

取一根尖嘴玻璃管，内直径为8 mm，长为10 cm，尖嘴口径约0.3 mm，通过橡皮管将它和水龙头相连接．将尖嘴玻璃铅垂地向上放置，用夹子固定在铁支架上，旋松水龙头使得一股水流朝上射出，如图2.46摩擦起电（一）．将带电的手指靠近玻璃尖嘴附近的水流，观察出现的现象．

将尖嘴玻璃管垂直向下放段，玻璃尖嘴下面放一只绝缘的铝桶，用导线将铝桶和验电器的电极相连接．旋松水龙头，一股水流从玻璃尖嘴中流出．将带电的手靠近玻璃尖嘴口附近的水滴流，由于静电感应，从尖嘴流出水滴带有电荷，铝桶在收集水的同时也收集电荷，随着铝桶内水位的提高，铝桶的电势也逐渐升高，验电器的金箔逐渐张开一个较大的角度，如图2.47摩擦起电（二）．

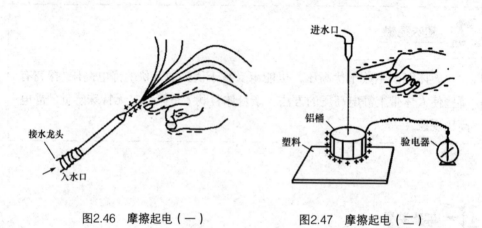

图2.46　摩擦起电（一）　　　　图2.47　摩擦起电（二）

取一块铝板固定在绝缘良好的支架上，再取一根导线，将铝板和验电器电极相连接．左手拿一根金属尖针，右手握住感应起电机的一个负（或正）电极，站在绝缘塑料王板上．转动感应起电机，人体带上高压电．将金属尖针和铝板相距10～20 cm，由于金属尖针放电，铝板接收大量电荷，验电器张开一个较大的角度，如图2.48摩擦起电（三）．人体站在绝缘塑料王板上，左手拿住感应起电机的一个电极，右手握住风车的电极，转动感应起电机，人体带上高压电，风车开始旋转．由于是尖端放电引起的电风，故称静电风车，如图2.49摩擦起电（四）．

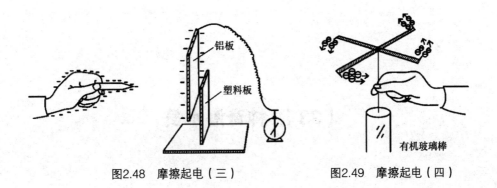

图2.48　摩擦起电（三）　　　　图2.49　摩擦起电（四）

【33】 神奇潜水员

趣味猜想

　　装有水的玻璃杯里面的软木塞一会儿上浮，一会儿下沉，仿佛受到某种神秘力量的召唤，到底是什么力驱动木塞做沉浮运动呢？

实验装置

　　细长玻璃杯、软木塞、铁钉、长为6 m绝缘铜导线、6 V电池组.

原理探究

　　用导线在容器中部绕30圈，线圈两头留约0.5 m长的引线，防止线圈松散. 在线圈黏一块胶布，使它固定在容器中部. 在木块中间挖一个洞，将玻璃容器固定，如图2.50电磁驱动. 向玻璃容器中装水，水要高出线圈顶端2 cm的位置. 将小钉子插入软木塞，细心调整这个组件，使它刚好能漂在水上. 将线圈的一根引线牢固地同电池组的一极接好，另一根引线同电池的另一极相碰. 当第二根引线碰上电池接头时，带钉子的木塞会立即下潜，只要电路不断开，它就会一直停留在那里. 电路断开时它将升上水面. 引线同电池相碰的时间不要超过几秒钟，时间太长会迅速缩短电池的使用寿命. 电流经过玻璃容器上的线圈时将产生一个磁场，磁场径直穿过容器和水，同时将小铁钉磁化. 磁化后的铁钉被吸向线圈，使潜水员下潜. 只要电流保持不变，磁场也将维持不变，潜水员就会一直待在水下. 当引线从电池上除去时，磁场消失，潜水员浮出水面.

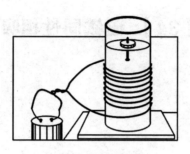

图2.50　电磁驱动

【34】 磁铁同性相吸

趣味猜想

指南针是中国古代的四大发明之一，磁极之间存在着相互作用，同性磁极之间相互排斥，异性磁极之间相互吸引. 如果有人观察到同性磁极之间相互吸引的现象，难道物理规律失效了吗?

实验装置

将一个永磁体固定在支架上，其尖部（如N极）朝下. 另一个是活动永磁体，放在桌面上，N极也做成尖状.

原理探究

如图2.51实验装置，操作者手持磁铁移近固定在支架上的永磁体的同性磁极，开始表现出两个同性磁极间强烈地排斥. 若人为地使它们进一步靠近，两者接近到一定程度时突然表现出"同性相吸"现象. 自然界的物质从磁化特性划分三类：顺磁质、抗磁质、铁磁质. 前两类为弱磁质，铁磁质的磁化较前两类强得多，它不但与外磁场有关，而且与铁磁质自身磁化的历史有关，在外界交变强磁场的作用下，铁磁质的磁化表现为磁滞回线. 根据磁滞回线的粗细程度，铁磁材料分为硬磁材料和软磁材料.

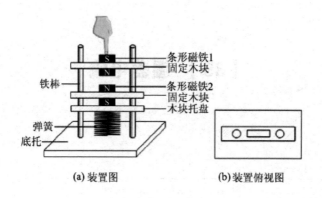

(a) 装置图　　　　(b) 装置俯视图

图2.51　实验装置

　　由于完成一次磁化循环的损耗与磁滞回线包围的面积有关，硬磁材料的磁化损耗大，软磁材料的磁化损耗小. 人们根据不同的需要研制出一系列的铁磁材料，硬磁材料中有一种矩磁材料，其磁滞回线包围的面积大且近似为一个矩形，其剩磁和矫顽力都很大，它的磁畴要改变方向阻力很大，这种材料适合制作永磁体. 软磁材料中有一种磁芯用材料，磁导率很高而且磁滞回线很细，其剩磁和矫顽力都很小，磁化损耗很低，这种材料适合制作变压器或电感线圈的磁芯. 这两种铁磁材料的组合就出现"同性磁极相互吸引"的怪异现象.

　　荷兰奈梅亨大学的科学家海姆，使用磁铁使青蛙飘浮在空中，相关研究以"关于飞行的青蛙和漂浮器"为名发表在1997出版的《欧洲物理学日志》. 海姆的实验证明，虽然青蛙没有磁性，但把它们放在电磁场里就会获得磁性、他们使用的是比磁共振成像（MRI）磁场要强几倍的磁场. 海姆介绍说："第一次看到青蛙公然挑战重力，悬浮在半空中，这是非常奇怪的. 它由磁石的力量支撑，这种力量来自一块强有力的电磁石. 它能够将青蛙推上去，因为青蛙也是一个磁体，虽然磁力比较弱. 青蛙本身是一个非磁体，但是通过电磁石的磁场而变得有磁性，叫作'感生反磁性学'. 大多数物质都是反磁性的，能够漂浮起各种各样的物体，包括水滴和榛子. 一个人也可以通过被磁化而漂浮起来，就像青蛙一样，因为我们身体的大部分是水，磁场并不需要更强."2010年海姆荣获诺贝尔物理学奖，这是一个科学家能够获得的最高科学荣誉.

【35】 温差电流

趣味猜想

　　两块不同的金属片接触时，出现不同的温度变化，可以用来制冷或制热. 配置在汽车里面的微型冰箱没有使用常规的化学制冷剂，它的工作原理是什么呢？

实验装置

　　铜丝、铁丝、酒精灯、电流表.

原理探究

　　温差电动势的实质是两块逸出功不同的金属接触时产生接触电势差，在高温端和低温端存在温度差. 两个电极闭合时，在接点处就会有载流子在导体中流过，形成电流. 在外电场的作用下电子通过接触面时要吸收或放出一定的热量，出现制冷或制热的现象.

　　准备两只烧杯，在一只烧杯中倒入冰块和水，作为低温热源；在另一只烧杯中倒入水，然后用酒精灯加热，作为高温热源. 两根直径为0.5 mm、长0.5 m的铜丝，一根直径为0.5 mm、长0.4 m的铁丝，两端均用砂纸打光. 将铁丝两端分别与两根铜丝的一端紧紧地拧在一起，拧在一起的两端分别放入作为低温热源和高温热源的两只烧杯中，如图2.52温差电流．将两根铜丝的另一端分别与灵敏电流计相连，3根导线与灵敏电流计构成闭合电路．观察电流表的示数，看是否获得了电流．在作为高温热源的烧杯中插入温度计，随着水的温度升高，观察温度计的示数以及电流表的示数．

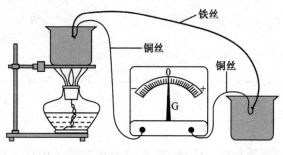

图2.52　温差电流

　　半导体制冷片是一种高热流密度器件，帕尔帖热效应是半导体制冷的基础．半导体制冷具有广泛的应用前景，主体主要由加热块、半导体制冷片和散热块组成．半导体制冷片和散热块之间必须接触良好，附有直流稳压电源、机箱、酒精灯、微型直流电机、温度计、白炽灯泡及灯座和支架、叶轮及支架、多种连接件等附件．用热水或酒精灯加热加热块（温度控制在120 ℃内），轻轻放在半导体制冷片上面，可产生实用电能，可驱动微型直流电机带动叶轮飞速转动，也可使白炽灯泡燃亮．向半导体制冷片输入直流电能（电压控制在10 V以内），可很快使半导体制冷片上表面降温，可用手触摸感觉或用温度计观察温度的变化，也可使滴于半导体制冷片上表面上的水滴快速降温或结冰等．

【36】 下落磁环

趣味猜想

　　相同的磁环在塑胶杆、铁环、铝杆上自由滑落,它们的滑落速率存在很大的差别. 这种差别显然不是由于物体之间的摩擦力造成的,究竟是哪种力有如此显著的作用效果呢?

实验装置

　　1 m长的塑胶杆和铝杆,强力磁环、铁环.

原理探究

　　磁环在塑胶杆、铁环在铝杆上自由滑落,观察两者滑落速率的差别. 磁环在铝杆、铁环在塑胶杆上自由滑落,观察两者滑落速率的差别. 磁铁运动时造成周围磁通量变动,楞次定理会在周围产生感应电动势. 感应电动势在塑胶杆中没有任何反应,是因为它的电阻无限大,没有涡电流产生. 磁铁以自由落体的速率掉落. 感应电动势在铝杆中产生强大的涡电流,涡电流产生的磁场抵抗磁铁的运动造成磁铁以较慢的速率掉落. 使用的永久磁环磁力越强越好. 各类杆子的下端装上海绵块,避免磁铁环因撞击而破损.

　　如图2.53磁铁下落，磁铁在金属管中因为电磁感应而慢速下落，在金属管内壁半径略大于圆柱磁铁半径的情况下，磁铁在金属管中下落时很快达到恒定速度，保持该速度匀速下落. 计算磁铁在金属管中竖直、匀速下落的速度，便可求得其在金属管中的下落时间. 磁铁周围有一个磁场分布，当磁铁以一定速度运动时，根据该磁场分布和速度，可以求得金属管中的电流. 金属管中的电流又会产生磁场，该磁场与磁铁作用，对磁场下落产生阻力. 当该阻力与磁铁所受重力相等时，磁铁在金属管中匀速运动. 从能量角度可以将计算简化，当磁铁匀速下落时，重力对磁铁做功，重力势能减少. 由于磁铁是匀速下落，重力势能全部转化为金属管中电流产生的焦耳热. 当焦耳热的热功率与重力所做功的功率相等时，便是磁铁匀速下落的状态.

图2.53　磁铁下落

【37】 消失的电力

趣味猜想

通有交流电的螺线管中放入各类金属棒，灯泡亮度发生明显的变化. 如果是通过直流电，金属棒还会影响灯泡的亮度吗？

实验装置

金属棒、螺线圈、电感式接近开关.

原理探究

在通有交流电的螺线管中放入各类金属棒，包括铜棒、铁棒、镍棒、铝棒，观察灯泡亮度的变化，判断电流是否有变化，如图2.54电感实验（一）. 当金属棒插入螺线圈中时，磁导率改变，电感值亦改变. 如图2.55电感实验（二）在此 RL 电路中，外加电压为定值情况下，电感值的变化改变整体电路中的阻抗，影响电流的大小，灯泡明暗亦会受影响. 避免长时间使用仪器，否则易造成螺线圈过热损毁，此处所考虑的磁通量为自感所造成的.

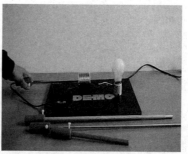

图2.54　电感实验（一）　　　　图2.55　电感实验（二）

　　电感式接近开关是利用涡流感知物体的无触点开关型传感器，它由高频振荡电路、放大电路、整形电路及输出电路组成. 当金属检测体接近开关的感应区域时，无须机械接触及施加任何压力，就能迅速发出电气指令，控制电路使开关产生动作. 它具有行程开关、微动开关的特性，又有传感性能，被广泛用于各种自动化生产线、机电一体化设备. 利用电感式接近开关制作报警器的电路. 有金属物体靠近接近开关（常开型）或离开接近开关（常闭型），电感式接近开关便会向响应电路发出电信号，响应电路就可以有相应动作而发出报警. 如果响应部分是蜂鸣器或接了小喇叭的报警声音乐片，就发出报警声. 接上闪烁二极管或小灯泡，还有光报警. 如果再接上减速电机，还可以控制关上门，加好防盗锁.

【38】 感应圈做电磁波实验

趣味猜想

　　感应圈是一种用低压直流电获得交变高压的装置，由于电磁感应原理，初级线圈断续地通过直流电流，次级线圈能够感应出上万伏特的交变高电压．能否利用感应圈来探究电磁波产生与接收现象呢?

实验装置

　　金属杆、感应圈、氖泡．

原理探究

　　把2支拉杆圆珠笔安装在一块泡沫板上，相距5 cm组成发射器，学生电源直流输出端与感应圈的2个接线柱用导线连接，导线把感应圈上的2个金属杆与发射器的两端连接，组成发射部分．接收部分是将另外两支拉杆圆珠笔安装在另一块泡沫板上，作为发射天线，用导线把氖泡连接在中间，如图2.56感应圈实验．

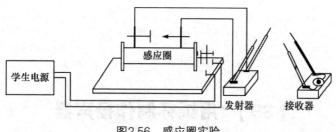

图2.56　感应圈实验

将学生电源调到12 V，感应圈小圆盘与尖端间的距离调到8 mm，发射天线拉出尖端间的距离也调到8 mm．接收天线完全拉出，尖端间距离调到8 mm，发射天线和接收天线尖端间距离为20 cm．感应圈充电到一定程度后，上端针尖与小圆盘之间发生火花放电，发射天线前端（圆珠笔尖）在距离较近时发生火花放电，发射天线组成一个电流通路．感应圈不断充电提供能量，振荡器中产生一种间歇性的电磁振荡，通过天线间歇性地发射电磁波．接收电路的天线接收到电磁波，产生感应电流，串联在接收电路中的氖泡发光．

安装和调整好以后，接通电源，慢慢调节感应圈的接触点，在感应圈的针尖与小圆盘之间发生火花放电，发射天线前端（2支圆珠笔尖）在距离较近的情况下发生火花放电，小氖泡发光，说明振荡电路产生电磁振荡，发射器发出电磁波，接收器接收到电磁波．调节接收天线的长度和相对位置，氖泡的亮度会发生变化．当接收天线调整到与发射天线的长度相同，两尖端间距也相同时，氖泡最亮，说明此时接收电路中的感应电流最大，接收电路发生了电调谐．当接收电路中氖泡最亮时，调节发射天线的长度和间距，再发射电磁波时，氖泡的亮度变暗，说明振荡电路谐振频率发生了变化．如果要使氖泡最亮，需要调节接收天线的长度和间距．实验时不要用手接触导体的裸体部分，特别是感应圈部分为高压区，防止触电．接收天线与发射天线的距离为20～60 cm，距离太大实验效果不好．学生电源的输出电压调到12～14 V，以免感应圈中的电流过大．实验时间不要太长，以免感应圈过热烧坏．

【39】 用纸杯制作扬声器

趣味猜想

扬声器是一种把电信号转换成声音信号的电声器件，按其换能原理分为电动式(动圈式)、电磁式(舌簧式)、静电式(电容式)、压电式(晶体式)等几种。利用家庭常见的纸杯、方便面桶、锡箔纸可以制作不同类型的扬声器，试试看吧。

实验装置

纸杯、方便面桶、漆包线、圆柱形磁铁、收录机。

原理探究

如图2.57扬声器结构，将漆包线分层紧密绕在圆柱形泡沫塑料块上，为避免绕线时打滑，每绕完一层线后可贴一层双面胶，两端的线头要留在外面20 cm左右，再将绕好线的泡沫塑料块用双面胶贴在一次性杯子的底部侧处。

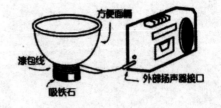

图2.57 扬声器结构

在线圈底部垫上圆柱形磁铁，用双面胶将绕好线的泡沫塑料块与磁铁黏在一起，扬声器就做好了.

将扬声器线圈两根引出线端点处的绝缘漆用砂纸打净，再将端线与外部扬声器插头相接. 外部扬声器插头插入收录机中的外部扬声器接口，打开收录机播放音乐. 自制的扬声器也可以当话筒使用，将扬声器的插头插入收音机的外部话筒插口，按下收录机的录音键，同时对着纸杯说话或唱歌，将声音录下来. 将插头从话筒插口拔出，插入扬声器接口，播放刚才的录音. 在方便面桶底部绕上漆包线，从录音机的外部扬声器端子向线圈中流入音声电流的话，方便面桶就会产生与声音相同的振动而变成扬声器.

烧烤用的锡箔纸（铝箔）和保鲜袋交替重叠在一起，卷成筒变成一个电容. 可以用它来做各种充放电的实验，也是一个耳机或扬声器，如图2.58静电耳机. 把这种电容器的两极接在普通耳机插头上，插头插进收音机，就能像普通耳机一样听到声音. 这种静电耳机的原理很简单，音频信号令上下两层外壳带电，由于电荷的相互作用，它们共同吸引或者排斥中间的振动膜，使其发声.

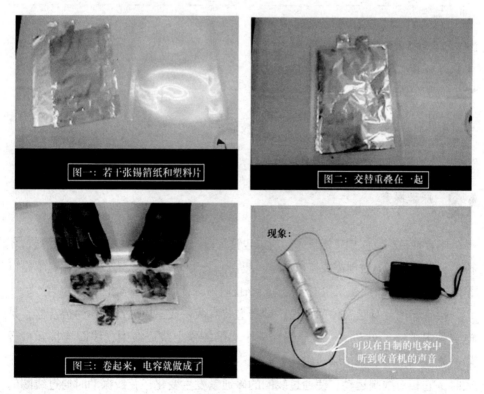

图一：若干张锡箔纸和塑料片

图二：交替重叠在一起

图三：卷起来，电容就做成了

现象：

可以在自制的电容中
听到收音机的声音

图2.58 静电耳机

【40】 空气中弹奏电吉他

趣味猜想

　　简单地用手拨动电吉他弦线，发出美妙的声音．电吉他没有共鸣音箱，这种声音到底是从哪里发出来的呢？

实验装置

电吉他、拾音器、线圈、mp3、示波器．

原理探究

　　电吉他被广泛应用于摇滚乐，所以也称摇滚吉他，由琴头、琴颈、拾音器、琴桥、护板构成．电吉他需要接电，与一般吉他最大的区别是没有共鸣音箱，不是以箱体的振动发声，而是采用电子拾音器来接收声音，通过扩音器把声波信号放大．

　　拾音器的琴身是实体的音箱，琴身上装有两块或三块磁铁，称为拾音器，是电吉他最关键的设备．一根导线在一个小的磁铁上绕成线圈，线圈连接到扩音器．磁铁产生的磁场使弦线磁化，弦线产生自己的磁场．当弦线被拨动而产生振动时，它相对线圈运动，使通过线圈的磁通量发生变化．弦线振动时通过线圈的磁通量发生变化，线圈中产生感应电流．感应电流的频率与弦线振动的频率相同，感应电流通过扩音器放大还原，听到电吉他弹奏的声音. 电吉他不可以采用尼龙弦，拾音器线圈环绕的区域中磁通量发生变化，线圈中才会有感应电流，才能拾到声音. 吉他弦不是闭合回路，在拾音器线圈中才是闭合回路，吉他弦只是充当了一个复杂磁场的一部分，琴弦必须是钢铁或是铁磁性的，由拾音器磁铁将其磁化而使其具有磁性.

如图2.59示波器实验，以示波器连接探棒信号端与接地端直接连接拾音器线圈两个末端，拨动最低音（第6弦），观察示波器显示. 拨动最高音（第1弦）观察示波器显示.

图2.59　示波器实验

利用线圈装置模拟电磁通信原理，架设一个实心（铁磁性物质）螺旋形线圈与信号输出装置，实验用mp3连接作为信号基地台，见图2.60磁场传音. 准备一个空心螺旋形线圈作为天线，与喇叭连接. 播放mp3，将信号强度（音量）调节最大空心线圈靠近实心线圈，喇叭发出mp3播放的歌曲. 任意改变空心线圈的位置与方向，观察喇叭音量的变化. 实心线圈与mp3之间线圈电阻足够大，不需串联电阻. 实心线圈的阻抗刚好在mp3最大音量时，可使mp3输出最大电流.

图2.60　磁场传音

【41】 简易电容器

趣味猜想

　　莱顿瓶是最原始的一种电容器，通常由玻璃容器组成，内外包覆着导电金属箔，瓶口上端接一个球形电极，下端利用金属锁链与内侧金属箔连接．利用简单的塑料杯、锡箔纸也能制作一个威力强大的电容器，动手试试看吧．

实验装置

　　塑料杯、锡箔纸、纸巾、PVC管等．

原理探究

　　如图2.61电容器，将锡箔纸分别包在两个塑料杯的外缘，尽量使锡箔纸平整紧贴塑料杯，不要有皱褶．两个贴好锡箔纸的塑料杯套起来，两层锡箔纸之间不要有接触的地方，内层锡箔纸上延伸出一条锡箔来．用纸巾快速反复摩擦PVC管10 s，将PVC管靠近用锡箔纸包好的塑料杯，不要让塑料杯与PVC管碰到．塑料杯主要是形成一个能存储电荷的莱顿瓶，刚开始时塑料杯是呈电中性的，用纸抹布摩擦PVC管后，塑料管带上负电荷．将塑料管靠近塑料杯，产生感应起电，电荷具有异性相吸、同性相斥的特性，塑料杯外层锡箔纸上的负电荷经过人体被传导流失，只保留正电荷，外层锡箔纸带上正电荷，经过反复多次积累大量的正电荷．两层锡箔纸之间有塑料杯隔开，锡箔纸之间形成一个电势差．

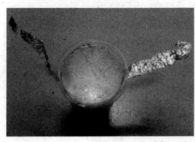

图2.61　电容器

在干燥的空气中容易成功，潮湿环境中电荷容易泄漏．用纸巾与塑料管摩擦时，手上戴着塑料手套等绝缘材料，防止电荷流失．实验说明莱顿瓶的原理，即导体放在塑料瓶内可以存储电荷的特性，电解液能够很好存储和传导电荷．可在瓶内倒入浓盐水，在瓶内引出一根导线，储存更多的电荷．

日常电子制作及电器维修中，有时急需几到几十皮法的小容量电容，有时在高频电路调试中需要微调电容器的容量，可采用两根漆包线绞合在一起的方法制作小容量电容器．将直径为0.1 mm的两根漆包线紧密绞合在一起，容量与绞合长度之比大约为1 pF/cm．将绞合线一端的两线头用砂纸打去绝缘层，焊出引线并相互绝缘，作为电容的正极和负极引脚，另一端两头悬空．将正负极焊上后，根据实验结果逐步剪短绞合线长度，直到合适为止．

第三章

热学自主探究实验

【1】 玻璃珠发动机

趣味猜想

　　发动机能够把其他形式的能转化为机械能，除了大家很熟悉的内燃机(如汽油发动机、柴油发动机)，还有另外一种形式的斯特林发动机，它的燃料在发动机外部燃烧．让我们用简单的实验器材模拟斯特林发动机的工作过程，思考它的工作原理．

实验装置

带橡胶塞的试管、4个玻璃球、注射器（针管）、塑料接头．

原理探究

　　斯特林发动机也叫热气机，是一种封闭式外燃机，1816年由罗伯特·斯特林发明．近年来在全球能源短缺与能源危机的社会背景下，斯特林发动机以其独特的性能越来越受到人们的关注．利用玻璃球和试管设计的简单斯特林模型，将针头穿透橡胶塞，把四个玻璃球装进试管，将橡胶塞塞严，绝对不能漏气．玻璃球直径要比试管内径略小，能够顺滑地在试管内滚动．把输液器头软管那部分用力套在针管上，另一头与针头连接．连接完毕以后试验密封性能，往上推注射器活塞，要求松手后活塞能轻松回到原位，如图3.1所示.

图3.1　玻璃珠发动机

　　玻璃珠发动机的工作过程如下：右侧的酒精灯加热，气体受热膨胀，热气体被挤向活塞针筒. 气体膨胀使活塞针筒伸长，弹珠被推往试管另外一边，把气体挤往试管左侧. 活塞针筒伸长，系统体积变大，气体温度降低，气体产生一个真空吸力，带动活塞针筒收缩. 试管倾斜，弹珠滚回到试管的左侧，把部分气体挤回到试管的右边. 酒精灯再次加热，使气体膨胀后再一次做功.

　　斯特林发动机通过气体受热膨胀、遇冷压缩而产生动力，斯特林发动机的配置方式有数百种，以下是一个简化的斯特林发动机. 它采用两个气缸，一个由外热源（火）进行加热，另一个由外部冷却源（冰）进行制冷. 两个气缸的气腔相通，通过连杆让两个活塞相连，其中连杆决定活塞的相对运动.

　　（1）对加热式气缸（左）内的气体进行加热，压力上升，强制活塞往下运动，这是做功过程.

　　（2）右边的活塞向下运动，左边的活塞向上运动，将热气推入冷却式气缸中，气体快速冷却到冷却源的温度，降低压力.

　　（3）冷却式气缸中的活塞（右）压缩气体，产生的热量通过冷却源散发掉.

　　（4）右边的活塞向上运动，左边的活塞向下运动，强制气体进入加热式气缸，气体快速升温，将压力提升至可重复循环的节点.

　　如今用斯特林发动机作为动力系统的太阳能热发电技术，在美国和澳大利亚等国家取得实质性的突破，很多实验电站已经运行多年，大规模的商业运行电站正在建立. 一种基于斯特林发动机原理的组装玩具“温差动能风车”，风车盘面透明无色，图案可以自己打印装饰，也可以拿一张报废的CD盘片充当. 把组装好的动能风车放在温度较高的物体上，比如一杯热茶或人的手掌上，稍等一段时间待热传导至引擎室的下方，底部的热能转换机关就开始启动轮盘，顶部的风车就会不断旋转.

【2】 大气压强与覆杯实验

趣味猜想

　　在一个标准大气压下，抽水机距地下水面的高度不能超过 10.3 m，那么在大气压力的作用下，密闭的纸片或塑料片能够提起多少质量的水呢？

实验装置

　　纸片、玻璃杯、泡绵、橡胶片.

原理探究

　　找一块非常平的硬纸板和一只玻璃杯，把硬纸板剪成比杯口稍大的圆板，并在中间穿一根线，下面打一结，再用石蜡封住线孔使它不漏气. 在玻璃杯中倒满水后盖上纸板，把手按在纸板上，随后提起线的一端，杯子便悬空而不坠. 盛满水的杯里没有空气，纸板和杯外的大气压力会把两者紧紧地压在一起，悬空的杯子不会落下. 也可以简单采用泡绵垫片，吸起一杯装满水的玻璃杯，杯内水的质量为2 kg. 大的泡绵垫片可以吸起大的杯水. 用泡绵垫片吸起装满水的玻璃杯时，稍微在泡绵上压一下，把玻璃杯内的水挤出一些. 在空瓶内盛满水，用穿有许多小孔的纸片盖住瓶口，用手压紧纸片，将瓶快速倒转使瓶口朝下，松开手看到满是小孔的纸片没有掉，还托起瓶的水，滴水不漏.

　　找一个透明的杯子，在杯底穿一个小孔，剪一块能盖严杯口厚度为2～3 mm的橡胶片. 一只手握住杯子，并用这只手的食指按住杯底小孔，向杯内倒水，用橡胶片盖严杯口. 把杯子侧放或杯口朝任何方向，用手任意动杯子，水都不会从杯内流出. 食指稍离开小孔，另一只手适当托住胶片，水冲开胶片从杯内流出，食指再按住小孔，另一只手把胶片盖严杯口后拿开，水停止外流.

　　玻璃杯中盛有1/5体积的开水，用硬纸片把茶杯盖上，手压住硬纸片摇动茶杯，使杯内的水加速汽化. 过少许时间，杯内水蒸气驱走部分空气，左手迅速拿开硬纸片，用右手盖住茶杯使之密封，再移到冷水中，几十秒后抬高右手并在空中移动，玻璃杯随手一起运动而不会掉落. 杯内的水蒸气冷却液化，杯内气压减小，大气压把手和杯压在一起. 右手开始密封杯子时，要用力压在杯口上，使其密封性好，防止外面的空气进入，还可以把玻璃杯压在脸上或身体其他部位. 拔火罐常以燃火的方式使罐内形成负压和产生温热效应，负压与温度是决定拔火罐的重要因素. 罐内的负压为粗真空状态，留罐时负压值缓慢上升，当负压值达到最大值后即保持不变.

　　如图3.2所示的吹气实验，取两只杯口平整的相同玻璃杯A和B，将其置入盛满水的塑料桶中，两杯充满水后，使其杯口相合，垂直地从桶中取出，放在浅盘内. 尽管上下两个杯口间有缝隙，但大气压强及水的表面张力作用使杯内的水不会沿缝隙漏出来. 取一支塑料吸管，端口靠近两杯口间的缝隙并且快速吹气，杯内的水随气流沿缝隙漏出来. 吹气越猛，气流越急，漏水越快. 根据伯努利原理，用力吹气时两杯口缝隙边的大气压强减弱，上杯内水的重力作用大于外部大气压强及水的表面张力作用，沿缝隙随气流漏出来. 杯外的空气通过缝隙挤进杯子，一旦进入空气，杯内水除了受重力作用外，还受到杯内大气压的作用，漏水速率就加大了.

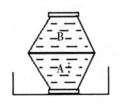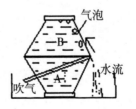

图3.2　吹气实验

　　用烧热铁丝在瓶下部烫一圆孔，孔径与输液管相同，将带滚轮开关的一段输液管插入其中1 mm，用万能胶黏好．将气球装入瓶内，气球口径反套在瓶口上．将开关关上后吹气球，尽管用很大的力气，但气球难以吹大．一定质量的封闭气体，在等温过程中，体积变小时压强要增大．打开开关后再吹气球，气球很容易就胀大，若将开关关闭，气球虽然敞口，但是并不缩小．打开开关后气球慢慢缩为原状．用嘴在气门（即输液管）处吸气，虽然没有吹气球，但气球自动胀大了．打开开关将瓶子浸入热水中加热，然后关闭开关，置入冷水中降温，气球稍微胀鼓起来．这表明一定质量的封闭气体在压强不变时温度降低，体积缩小．

【3】 观察布朗运动

趣味猜想

　　1827 年，植物学家布朗用显微镜观察，悬浮在液面上的花粉不断做不规则的运动. 1905 年，爱因斯坦提出布朗运动理论，对 20 世纪物理学的发展具有重要意义. 利用现代高性能的数码显微镜、激光器等，能否设计出实验现象更清晰、操作更加便捷的布朗运动观察装置呢？

实验装置

　　玻璃罩、橡皮球、数码显微镜、激光器.

原理探究

　　传统布朗运动实验经常出现微粒取材不易、凹坑制作不便、浊液容易干涸、光源易受影响等问题.

　　以下设计的布朗运动实验装置包括一个玻璃罩，其顶部开有一个直径为33 mm（刚好是显微镜的物镜外径）的圆孔，左右两端分别连有长10 cm、宽2 cm的分接管，左边玻璃分接管上套有一个橡皮球，右边玻璃分接管用于传送气体进入玻璃罩内；一个玻璃载物台；1 000倍高清电子数码显微镜；激光器，如图3.3所示的布朗运动实验仪.

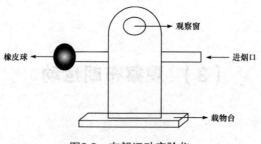

图3.3　布朗运动实验仪

　　将玻璃罩放置于玻璃载物台上,在玻璃罩的右边点燃一根棉绳或其他质地的材料,不同质地的材料燃点不同,燃烧产生的烟雾粒子直径也不同,通过燃烧各种材料探究微粒直径越小、布朗运动越剧烈的现象.燃烧产生大量的烟雾粒子,通过挤压玻璃罩左边的橡胶球使烟雾粒子进入玻璃腔内.腔内用激光灯照明,让激光灯把光集中在玻璃腔的中心部位.将1 000倍高清电子数码显微镜放置于玻璃罩顶部的圆孔处,通过慢慢转动调焦滚轴来调节焦距,调整出清晰的布朗运动现象.慢慢转动调焦滚轴来调节焦距,在显微镜中显示出放大后清晰的烟雾颗粒,观察到烟雾粒子在不停地做无规则的运动,空气分子将不停地对烟雾粒子进行随机撞击.然后用USB输出线将便携式显微镜与电脑连接,并打开电脑里面的USB视频设备盘.电脑屏幕上将显示出清晰的烟雾颗粒,能清楚地看到烟雾颗粒在不停地运动着.

　　如果采用简易的器材做布朗运动实验,需要仪器有激光笔、废旧白炽灯泡、铁丝、水、少量淀粉.把白炽灯泡的底座取掉,将内部的灯丝取出,用水清洗干净,在灯泡内装满水.将铁丝剪断并且弯成2个U形支架,倒立钉在木板上,把激光笔用细线固定在U形支架上面.取3颗铁钉形成三角形钉在木板上,将装满纯水的玻璃灯泡平稳地放在3颗铁钉之间.

　　在黑暗环境中,打开激光笔使激光通过灯泡射在白色墙壁或屏幕上,墙壁出现一个较大的光斑.装满水的玻璃灯泡相当一个凸透镜,具有扩散光束的作用.将少量淀粉撒入玻璃灯泡中的水里,在光斑中有很多微小的发光点在不停地做无规则运动,这就是布朗运动.淀粉不能撒得太多,否则光斑很暗,看不清楚光点的运动.观察时间较长,会发现光点慢慢增大,且无规则运动也变得缓慢,这是因为淀粉颗粒在水中吸收水分子后发生膨胀,质量和体积都增大,做无规则运动的速度变慢,加入一些热水后光点的运动明显加快.

【4】 层流和湍流

趣味猜想

　　空气的流动形成风,我们的肉眼无法观察到风的运动过程和规律.能否有简便的方法显示不同状态的空气流动,区别不同类型的风呢?

实验装置

　　风扇、飘带.

原理探究

　　黏性流体的流动形态包括层流、湍流、过渡流动.其中,层流是流体分层流动,相邻两层流体间只做相对滑动,流层间没有横向混杂.湍流是流体流速超过某一数值时流体不再保持分层流动,可能向各个方向运动,有垂直于管轴方向的分速度,各流层混淆起来有可能出现涡旋.

　　在风扇前面摆放飘带,飘带排列有规则,显示气流是规则的,这是层流,如图3.4层流.在风扇后面,飘带移动是不规则的,显示气流是紊乱的,这是湍流,如图3.5湍流.在流体力学中,判别流体流动是层流还是湍流的主要方法是计算雷诺数,在不宜测量压强梯度和流量的地方,可在容器内注入染料,染料微粒随流体沿管道流动. 若染料和流体质点在截面上没有横向混合, 即染料随流体依次流过, 在速度剖面上染料分布呈现抛物线, 这种流动就是层流. 若染料在截面上有横向混合, 即染料随流体流动的路线出现波动, 互相缠绕很不规则, 而在速度剖面上沿管轴附近的流速大致相同, 在管壁附近呈现很大的速度梯度, 这种流动即为湍流. 由于染料的流动状况易于观察, 以此来判别层流和湍流就会一目了然.

图3.4　层流　　　　　　　　　　　图3.5　湍流

流体流动存在着黏滞性和惯性的相互对立. 黏滞性是抵抗流体流动的剪切形变, 作用是约束流体质点相对运动. 当黏滞性的作用大到能约束质点运动时, 质点运动就整齐有序, 依次流过而呈现层流. 每个质点都在做非直线运动, 不可避免地引起加速度, 产生惯性力. 惯性力对流体的作用刚好与黏滞性相反, 当惯性力很大时, 黏滞力就无法约束质点的运动, 质点就其本身情况而运动, 就会无规则地相互混杂, 出现紊乱而成为湍流.

利用矿泉水瓶、洗手液、水彩颜料可以演示层流现象. 向矿泉水瓶倒入洗手液, 容量为1/4瓶子容积, 加入几滴水彩颜料更容易看到漩涡., 打开瓶盖慢慢把水装进瓶子直至瓶子刚好装满. 拧紧瓶盖后上下晃动瓶子让洗手液和水混合均匀. 慢慢旋转瓶子的时候, 水层缓慢地流动并且平滑地各自穿越, 这就是层流. 忽然停止旋转瓶子, 或者转得非常快的时候, 可以看到很多漩涡和波浪似的形状. 当一层水快速地流动穿过另一层水时, 会形成湍流, 也就是通常所说的漩涡.

【5】　点水成冰

趣味猜想

　　通常水要降温到 0℃才开始结冰，但是有人却在常温状态下，用手指轻轻点击一下水面，水就开始凝固结冰了. 这种瞬间结冰的水里面添加了什么特殊物质吗？

实验装置

　　醋酸钠（乙酸钠）、蒸馏水、玻璃杯.

原理探究

　　烧大半锅水准备沸腾时，倒入醋酸钠并不断搅拌，直到水中不能再溶解. 把液体倒入玻璃杯里面，放到冰箱，冷藏室的温度设定为4℃. 把液体缓慢倒入一个容器里面，用手指触碰溶液时，溶液马上变成固态的冰状物质，如图3.6点水成冰. 将溶液缓慢地倒入桌面上的盘子里面，溶液会形成固态的雕塑形状.

　　醋酸钠属于弱酸强碱盐，由于水解而呈碱性. 溶液若长时间处于100℃，盐水解产生的乙酸挥发；若体系开放，随着乙酸的逸出，水解平衡移动. 温度降低时一般会有溶质析出，但有时会出现过饱和现象，体系中的溶质超过该温度下根据溶解度算出的数值，不出现结晶析出的情况．过饱和溶液存在的原因是溶质不容易在溶液中形成结晶中心．每个晶体都有一定的排列规则，要有结晶中心才能使原来做无秩序运动的溶质集合起来，按照晶体特有的次序排列．不同的物质实现这种规则排列的难易程度不同，有些晶体要经过相当长的时间才能产生结晶中心，有些物质的过饱和溶液看起来还是比较稳定的．

图3.6　点水成冰

　　过饱和溶液处于不平衡状态，是不稳定的，受到振动或者加入溶质晶体，溶液里过量的溶质就会析出而成为饱和溶液，转化为稳定状态．搅拌过程中确保醋酸钠尽量多溶解，看到有少量不溶才停止倒醋酸钠．拿出冷冻的溶液，倒出时要尽量缓慢，防止过于强烈的碰撞．如果用手去触碰一下，这时析出晶体速度极快，只要有扰动或者少量结晶就会全部结冰．醋酸钠溶解的时候发生水解，水解吸热．它的逆过程结晶是放热的，由液体变成固体要放热．

　　取醋酸钠晶体2包，将烧开的水倒进玻璃缸，并将其中1包醋酸钠晶体袋子密封后放入开水，袋子充分接触开水，晶体全部溶解．将袋子轻轻放入凉水中冷却至常温，然后往袋子里投入几粒醋酸钠晶体，袋子里的液体瞬间就开始结冰，不到10 s整个袋子都变成冰块．使用刚烧开的水，确保袋子密封不要进水，所有晶体全部溶解，否则实验可能不成功．

【6】 非牛顿流体

趣味猜想

　　武侠小说或电影里面，大侠如同蜻蜓点水一般轻易地在水面行走，据说他们修炼有身轻如燕的绝世轻功. 轻功水上漂的好身手，可能在现实生活里实现吗？

实验装置

马铃薯淀粉、水、非牛顿流体.

原理探究

　　非牛顿流体是指不满足牛顿黏性实验定律的流体，即剪应力与剪切应变率之间不是线性关系，流体黏度因为受到的压力或速度而变化，压力越大，速度越快，黏度会增加，甚至成为暂时性的固体. 选用生的马铃薯淀粉，它的黏性很足，加水遇热凝结成透明的黏稠状. 按照水与淀粉1∶2的比例，在水中加入马铃薯淀粉，水的密度和浓稠度变大，可以实现水上漂的轻功梦想. 用力去打这种浓稠液体，它瞬间变得像固体一样，如图3.7击打淀粉. 人站在白色液体上怎么踩都不会陷下去，走起来的感觉跟陆地上是一样的. 如果以为液体已经凝固，只要放松就会掉进液体里，越用力越没办法挣脱.

图3.7　击打淀粉

各种高分子溶液、凝胶等复杂性质的流体都是非牛顿流体，在一只有黏弹性流体的烧杯里旋转实验杆，由于离心力的作用，牛顿流体的液面将呈凹形. 黏弹性流体却向杯中心运动沿杆向上爬，液面变成凸形，实验杆旋转速度很低时也可以观察到这个现象，如图3.8非牛顿流体.

用牛顿流体进行虹吸实验时，如果将虹吸管提离液面，虹吸马上就会停止. 但用高分子液体，如聚异丁烯的汽油溶液，很容易表演无管虹吸实验. 将管子慢慢地从容器里拔起时，虽然管子不再插在流体里，流体仍源源不断地从杯中抽起，继续流进管里. 甚至更简单地，连虹吸管都不要，将装满流体的烧杯微倾使流体流下，过程一旦开始就不会停止，直到杯中流体都流光.

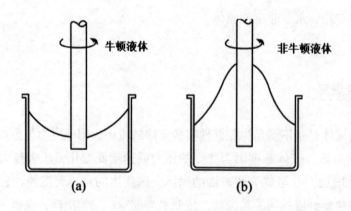

图3.8　非牛顿流体

【7】 过冷水

趣味猜想

　　水的温度降低到 0℃以下，一定会开始结冰吗？水由液态变为固态的过程中，存在奇特的过冷水现象，让我们来探究水这种看似普通物质的神奇性质吧.

实验装置

过冷水、玻璃或金属容器、盐水混合物.

原理探究

　　在一个标准大气压下，纯净水依照一定的冷却速率，温度下降到冰点0℃，不会马上结冰. 开始出现冰晶的温度与相平衡冻结温度之差，称为过冷度. 纯水可以过冷到–25℃，高空积云存在–37℃的过冷液滴.

　　制取过冷水的容器可以是常见的玻璃器皿、铜或不锈钢等金属制品，为避免外界杂质对过冷水的影响，对装置各部分进行清洁处理. 过冷水制取采用简易可行的冷却浴法，将祛除杂质的蒸馏水或纯净水装入清洗干净的玻璃或金属容器内，放到冰箱中冷藏且降温到1℃.

将过冷水容器放入体积更大的冰盐混合物中，控制冰和盐的质量比例，冰盐混合物的温度稳定在0℃以下．温度探测仪使用灵敏度较高的数字温度计，温度计分辨率为0.1℃．过冷水缓慢冷却，降低温度到–1℃．过冷水的正常流动不会出现结晶．

把冰箱里拿出来的过冷水轻轻敲击，瓶子中的水迅速结冰．如图3.9冰笋生长，在碗里放一些冰块，慢慢把过冷水倒在上面，可以得到快速生长的冰笋．在一个装满过冷水的干净杯子里，投入一小块冰块，杯中水以冰块为中心迅速凝固．

图3.9　冰笋生长

过冷水的结冰分为两个阶段：当过冷水中出现大于临界尺寸的冰核时，结冰过程开始；冰核在过冷水中生长，冰核自发长大，最终成为大家熟悉的固体冰．外界作用于形核的大小与核成长的两个阶段，流动不会影响临界冰核的大小，但是对于冰核的形成长大有影响．

如图3.10过冷水实验，在容器内部加入金属挡板，从上方导管流出的过冷水冲击下端的金属挡板，出现片状或者枝条状的冰晶生长，堆积形成冰山；还可以从导管流出过冷水，直接冲击容器底部，产生过冷水结晶．在过冷水中加入干冰颗粒或其他制冷剂（如乙二醇溶液），干冰气化时吸收热量，导致过冷水局部区域迅速降温，有利于结晶核的形成．乙二醇低温溶液不与过冷水发生化学反应，同样能够促进过冷水的结晶．

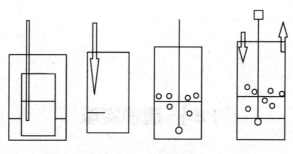

图3.10 过冷水实验

利用容器内的搅拌叶片高速转动，可以破坏过冷状态．在容器内装入适量的过冷水，容器上部形成气-液界面．搅拌叶片以低频率（如20 Hz）对过冷水施加振动，使得气-液界面剧烈振荡，形成过冷液体的散射液滴．大量气泡和液滴通过气-液界面进入过冷液体，冷冻核不断增加和生长，最终过冷水结晶．把过冷水注入密闭的容器，通过真空抽气泵对外抽气，减小容器内的压强，原先溶解在过冷水中的空气形成气泡，气泡和水充分混合而形成液泡．利用气泵从外界输入气体，使得气泡和水充分混合．水和气泡形成的液滴激烈碰撞，冷冻核不断增加，最后形成冰晶．

【8】 流沙实验

趣味猜想

　　流沙可能是电影导演最乐意设置的致命绝境之一，受困者不幸陷入流沙中，整个人眨眼间被流沙吞没得无影无踪．电影中那些受困者被流沙吞噬的恐怖场景，都是真的吗？

实验装置

　　流沙、水、金属球．

原理探究

　　陷入流沙的人很难动弹，黏性沙子黏在人体下半部，对人体形成很大的压力．以每秒钟1 cm的速度拖出人的一只脚，需要10万牛顿拉力，和举起一部中型汽车的力量相同．陷入流沙后大力挣扎或是猛蹬双腿，只会让人下陷得更快．人们错误地认为摇动能使身体周围的沙子松动，有利于肢体从流沙中拔出，实际上它只能加速黏土的沉积，增强流沙的黏性，胡乱挣扎只会越陷越深．科学的逃脱流沙方法应当是，受困者轻柔地移动两脚，让水和沙尽量渗入挤出来的真空区域，缓解受困者身体所受的压力，同时让沙子慢慢变得松散．受困者还要努力让四肢尽量分开，身体接触沙子的表面积越大，受到的浮力也越大．只要有足够耐心、动作足够轻缓，就能慢慢脱离流沙的包围．

2005年世界著名杂志《自然》刊登论文《流沙在压力下的液化》为人们找到合理答案．来自荷兰和法国的四位科学家在实验室重新研究流沙．他们收集从伊朗沙漠带来的流沙样本，进行力学和流变学的研究，发现这些沙子由细沙、黏土、咸水组成．流变学实验发现这些样本对压力极为敏感：在静止情况下，沙子的黏性像黏土一样随时间慢慢增大．一旦压力超过某个临界值，沙子的结构会在咸水盐分的干扰下彻底失去稳定性，其黏性发生几个数量级的剧减而液化，沙子和水也开始分离．分离的沙子和水分别形成局部沙土富含区、液体富含区，前者内部的黏性巨大，如图3.11流沙实验．

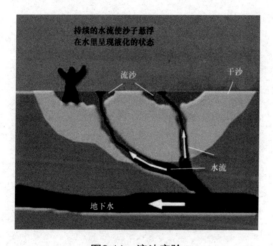

图3.11　流沙实验

为了验证人和动物陷入流沙是否有灭顶之灾，科学家进行了沉没实验．他们在流沙表面放置直径为4 mm的小球，小球的密度大于流沙的平均密度，但是它像浮球一样浮在流沙表面．为了模拟人和动物挣扎而导致流沙运动的过程，他们给流沙样品引入震动，发现震动的幅度超过某个临界值，小球就会快速沉入流沙底部．纵观整个实验，人体密度小于流沙平均密度，更远远小于铝球密度，人体可以漂浮在流沙之上，即使在最坏的情况下，人畜也只会一半体积沉没在流沙中，没有灭顶之灾．

在玻璃杯中装入大半杯细沙，双手摇晃玻璃杯使沙子紧密排列，向玻璃杯中倒入清水，水面高出沙子表面1～2 mm．用手小心向下挤压玻璃杯中间的细沙，水面缓慢下降而露出沙子. 沙子受到手掌挤压时体积膨胀和压强减小, 在外界压强作用下水进入沙中, 导致水面消失而沙子露出. 海水或河水冲刷沙滩的沙子排列紧密, 当人的脚踩在沙滩上面, 沙子受到脚部的挤压而变得疏松, 其空隙由脚印周围的水来补充, 脚印周围的沙子失去水分而变得较干.

【9】 跳舞的小球

趣味猜想

　　樟脑球、鸡蛋在水中自由地上下沉浮，是因为它们受到的浮力不断地发生变化吗？

实验装置

　　樟脑球、鸡蛋、玻璃杯、水．

原理探究

　　把几个樟脑球放入装有水的玻璃杯，樟脑球沉入水底，一会儿又升出水面，在水中来回旋转滚动，然后再次沉入水底，如此反复运动可以持续进行几个小时．在玻璃杯内放一些小苏打，把水沿着杯边慢慢倒入玻璃杯，避免把小苏打粉搅起．慢慢将30 mL醋倒入水中，溶解在水中的小苏打发出嘶嘶声．再加入30 mL醋，与杯底没有被水溶解的苏打粉慢慢反应．将樟脑球放入液体中，如果樟脑球跳舞太慢，可以再加一点醋，速度就会加快．樟脑球密度比水的密度稍大一点，放入水中会下沉．醋酸与小苏打（碳酸氢钠）反应形成二氧化碳，二氧化碳气泡粘在樟脑球表面，使樟脑球的密度小于醋和水的混合液密度，樟脑球浮上来．在液体表面，粘在樟脑球的气泡会慢慢释放到空气中，这个过程不是均匀的，可能一边气泡比另一边的要多．当轻的一面向上时，球就会转动或者跳舞．樟脑球上的气泡大量消失，它的密度超过水的密度，于是再次下沉．

在烧杯中倒入半杯盐酸，把一枚鸡蛋轻轻放入烧杯．过一段时间，鸡蛋开始运动，刚升到液面又立即下潜到烧杯底部，如此循环往复．鸡蛋壳的主要成分是碳酸钙，将鸡蛋放入盐酸中，碳酸钙和盐酸反应而产生气体，气泡浮在鸡蛋壳上，鸡蛋受的浮力增大，当浮力大于鸡蛋重力时，鸡蛋就上升．升到液面以后气泡破裂，鸡蛋受的浮力变小，鸡蛋又下沉和盐酸作用，产生气泡再上升．

【10】　液体表面张力

趣味猜想

　　表面张力和处在液体表面薄层内分子的特殊受力状态密切相关，把经过特殊处理的火柴棍、硬纸、锡箔放入水中，会出现哪些有趣的现象呢？

实验装置

玻璃杯、火柴棍、水、硬纸、锡箔、乙酸乙酯等.

原理探究

　　把几根火柴棍（不要用蜡杆火柴）剪成小段，放入盛水的碗中，再点燃一支蜡烛，将几滴蜡烛油滴到碗中. 用筷子搅动碗中的水，使火柴棍和蜡烛油呈现杂乱分布. 火柴棍相互吸引到一起，蜡烛油也聚集在一起，火柴棍和蜡烛油相互分离，水能浸润火柴棍而不能浸润蜡烛油，当两段火柴棍靠近时，它们之间形成下凹的液面. 如图3.12液体表面张力，当两个蜡珠靠近时，它们之间形成上凸的液面，液面下凹或上凸都会增加液体的表面积，水的表面张力使得火柴棍和蜡珠各自聚在一起，保持液面的最小面积. 火柴棍和蜡珠接近时，它们之间的液面，靠火柴棒的那部分上翘，靠蜡珠的那部分下弯，表面张力使得两者远离，以减小液面的弯曲程度，保持液面最小面积，由此形成同性相吸、异性相斥的现象.

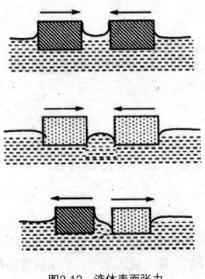

图3.12　液体表面张力

　　找几根火柴棍，把每一根火柴棍从中间劈开，劈开长度约占火柴的1/4，在劈开火柴棍中夹进一小块肥皂. 准备一盆清水，把几根火柴放到盆里，火柴在水中自动向前行驶. 这是因为肥皂溶液会减弱分子的表面张力，造成火柴棍前部水的表面张力大于火柴棍尾部水的表面张力，火柴被向前拉去，形成火柴自动向前行走的现象.

　　如图3.13五星火柴棍，把五根火柴棒都折成72度角，把它们排列在干净的桌面上. 不要接触到火柴棒，能不能使火柴棒排列成星形呢? 只要在火柴折断的地方滴几滴水，火柴棒就会慢慢扩张，最后就会形成星形. 由于木柴的纤维吸收水分，水沿着这路线向前爬行，使火柴棒中充满水分，火柴棒中纤维也会膨胀而无法保持原来的弯度，整个就扩张开来了.

图3.13　五星火柴棍

准备一张白纸、一块玻璃板、半杯滴有红墨水的水、一个沾有少量酒精的脱脂棉球. 将白纸放在桌子上, 玻璃板放在白纸上面, 将少许红色的水倒在玻璃板上, 形成一层薄薄的水层. 将棉球在水层的四周绕一圈, 用手捏棉球, 几滴酒精滴在玻璃板红色水边. 玻璃板上红色的水向四周移动, 出现一块"干"的地方. 这是因为水的表面张力比酒精的表面张力更大, 红色的水向没有酒精的地方移动.

找一张硬纸, 用剪刀把硬纸剪成一条纸鱼, 在鱼身上剪一圆孔, 从圆孔剪一条狭缝至鱼尾. 把纸鱼小心地放在水面上, 不要弄湿上面的部分, 用滴管小心地在鱼身上的圆孔里滴一滴油, 这条鱼向前游去. 这是因为油比水轻, 会扩散到整个水面, 当小孔里的油滴通过鱼尾的狭缝向外扩散时, 鱼被反作用力推向前去.

用锡箔叠一只小船, 在船底部涂上一些乙酸乙酯. 用脸盆装一半的自来水, 把小船放在脸盆中, 小船自动行驶起来. 这是因为乙酸乙酯容易水解, 船底的乙酸乙酯遇水立即水解成乙酸和乙醇, 乙酸和乙醇又易溶于水, 它们很快溶解到水里, 这两种物质在水中溶解的速度不同, 产生使纸船前进的动力, 纸船就行驶起来. 当船底的乙酸乙酯消失后, 纸船的运动也就停止了.

取一只洁净普通玻璃杯, 盛以4/5容积清水, 将圆形小软木塞浮于玻璃杯水面中心. 软木塞受到一种奇怪的力作用, 立即移到杯子边缘. 向玻璃杯内缓缓加水, 直到水面溢出, 原先停在杯壁的软木塞自动向水中心移动, 抵达中央后就静止不动. 用移液管从杯内吸去较多水后, 软木塞又会向杯壁迁移. 由于杯内盛水不满时水依旧润湿玻璃杯内壁, 玻璃杯内壁对水的吸引力大于水分子之间的吸引力, 水紧紧地附着于玻璃杯内壁上, 并沿内壁向上扩展, 形成四周高、中间低的凹陷水面. 在水的表面张力作用下, 软木塞总是漂浮在水面最高处, 即玻璃杯内壁四周. 当玻璃杯水面溢出时, 由于水的表面张力作用, 形成中间高、四周低的凸状水面, 又迫使软木塞漂浮到水面中央. 玻璃杯的内径比软木塞外径大约10

倍，如果用一只大面盆代替玻璃杯，由于面盆内的水面过于平坦，软木塞无法实现预期现象.

将直径约8 cm的透明硬塑料瓶，用钢锯锯出长5 cm的圆筒，一端用纱布（或蚊帐布）蒙住，用橡皮筋将周围捆紧；另一端用棉布蒙住，周围也用橡皮筋捆紧，即成圆柱状的小桶. 将小桶竖立浸没在水中，纱布一端在上，棉布一端在下，水充满容器. 在水中把容器调头，使纱布一端在下，棉布一端在上，把布容器从水中慢慢提升到空气中，容器中的水不会漏出来. 用缝衣针从下端纱布的小孔中插入，水仍然不会流出来. 水对布是浸润液体，水在容器上端的布孔中形成凹形弯月面，在下端形成凸形弯月面. 水有表面张力的作用，在弯月面处表面张力的合力跟重力平衡，所以布容器盛水不漏. 把容器从水中提升到空气中，要保持竖直方向而不能倾斜，否则水就会从容器中流出来.

三个同样大小且装满水的瓶子，一起朝外倒水. 一个竖直倒，一个侧斜倒，一个用手在水平方向旋转着倒，三种不同倒水方法的速度各不相同. 竖直瓶子倒水，空气压力和水的表面张力比较大，瓶里的水流得慢. 斜着瓶子倒水，空气压力和水的表面张力比较小，瓶里的水流得稍快. 双手不停地在水平方向旋转瓶子，瓶子里的水旋转流出，空气压力和水的表面张力最小，水流得最快.

【11】 康达效应

趣味猜想

伯努利定律对于液体流动现象是否还适用？

实验装置

透明水管、面板，吹风器．

原理探究

透明储水管上有四支直立的透明水管，每个水管顶端装有不同形状的面板，分别为凹面板、凸面板、平面板、半圆面板．吹风设备用市售吸尘器将过滤网拆除，以得到较大的风速．气体由右向左横吹过管口上的各种形状面板，观察管内水位的变化，如图3.14康达效应．

图3.14　康达效应

　　根据伯努利定律，四个水管的水位都应该上升，因为面板上的气体流速快．但结果并非如此，气体经过不同的面板，水管内的水位有变高的也有变低的，主要的原因是康达效应的影响．以气体流过凸面板为例，气体沿凸面板表面做圆周运动，凸面板上流动的气体必存在一个向心力，使原本直线流动的气体改变原运动方向而做圆周运动，根据牛顿第三运动定律，气体对于凸面板及水管内的空气施以一个反作用力，也就是水管内的水位上升的原因．平面板上的气体做直线运动，水管内的水位高度没有变化．伯努利定律适用的范围是不可压缩流体，稳定流动状态，非黏滞流体．若把水管上的平面板拿掉，管子上面没有任何物体，气体流过管上方．此时，可把这个管子看成是文氏管，气体直接流过水管口，可用伯努利定律解释．

【12】 蜡烛实验

 趣味猜想

　　用漏斗吹不灭的蜡烛，失重环境下燃烧的蜡烛，彩色火焰的蜡烛，大风无法吹灭的蜡烛……看似普通的蜡烛竟然有许多出乎意料的现象，赶紧开始探究吧.

 **实验装置**

蜡烛、漏斗、玻璃杯、起电机等.

 原理探究

　　如图3.15宽口漏斗实验，点燃蜡烛固定在桌面，用漏斗的宽口正对蜡烛，从漏斗的小口对着火焰用力吹气，火苗斜向漏斗的宽口端，不容易被吹灭. 如图3.16小口漏斗实验，将漏斗的小口正对火焰，从漏斗的宽口吹气，蜡烛容易被熄灭. 这是因为从细口端吹气，气体到达宽口时逐渐疏散，气压减弱. 漏斗宽口周围气体压强较大，涌入宽口内，蜡烛火焰偏向宽口端.

图3.15   宽口漏斗实验   图3.16   小口漏斗实验

　　两支相同高度的蜡烛相距适当距离点燃，用大号吸管对准两根蜡烛火焰中间，轻轻吹气时火焰不灭，反而相互靠拢．这是因为吸管吹出气体流速较快，两根蜡烛之间气压降低，周围较高气压作用使火焰相互靠近．点燃蜡烛，放到一块方形玻璃板后面．人站在玻璃板前面，对着蜡烛用力吹气，难以吹灭蜡烛．点燃蜡烛，放到大玻璃瓶后面，对着玻璃瓶吹气，虽然玻璃瓶阻挡，但是蜡烛很容易熄灭．这是因为对着玻璃瓶吹气，瓶子后方产生低压区域，周围空气流向该区域，火焰被气流吹灭．

　　将一支蜡烛固定在水中，点燃后倒扣量筒或玻璃杯，蜡烛熄灭后量筒内水面上升．常见错误解释是量筒内部生成二氧化碳和水，空气中的氧气含量为21%，二氧化碳溶解于水中，水面上升高度约为量筒高度的20%．

　　实验活动无法保证严密的封闭环境，蜡烛燃烧时周围空气受热膨胀，量筒罩住蜡烛，部分热空气以气泡形式逃出量筒，量筒内部气体减少．蜡烛熄灭后量筒内部温度下降，气体体积收缩，量筒内水位上升．由于空气受热膨胀以及气体流失，量筒内气体的体积改变．为了确定燃烧前后气体变化及影响因素，本书设计新型燃烧室，在密闭环境中进行实验．利用人工金属灯芯取代棉芯，将一根直径为0.5 mm的注射器针头截取1 cm，再将针头插入蜡烛，镍铬合金丝缠绕在金属灯芯上，两端与导线连接，蜡烛固定位置后形成燃烧装置．用透明塑料容器装入适量的水，量筒倒扣在蜡烛上方，塑料容器底部钻两个小孔，导线穿透容器，与外接电源构成回路，用热熔胶密封小孔防止水泄漏，如图3.17蜡烛燃烧室．用软管吸出量筒内的部分空气，量筒内水面上升，构成一个密封良好的燃烧室，防止气体逃逸．将电源电压调节到30 V，镍铬合金丝通电发热，金属灯芯底部的蜡烛受热熔化，毛细作用使得蜡液上升，蜡烛燃烧发出橘黄色火焰．实验结果表明，无论蜡烛进行完全燃烧还是不完全燃烧，量筒内部气体体积几乎不变，体积变化量不超过2%．

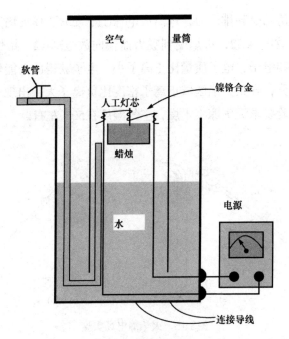

图3.17　蜡烛燃烧室

　　1996年，宇航员在俄罗斯"和平号"空间站实验，点燃80根蜡烛燃烧. 燃烧实验表明，在太空微重力状态下，低密度热气体不会上升，粒子从高温区向低温区扩散，燃烧所需氧气只能从火焰周围均等获取，产生炽热气体受热膨胀效应影响，均匀从中心向周围扩大，火焰形状趋向球形. 利用身边简易器材，可以观察失重环境的燃烧现象. 将大号塑料瓶底部竖直放置的蜡烛点燃，用照相机或者手机拍摄燃烧视频. 通常情况是蜡烛燃烧形成竖直的纺锤状烛焰，用手托着塑料瓶竖直下落，火焰变成椭球形. 使塑料瓶自由下落，烛焰几乎变成球形.

　　普通蜡烛燃烧时，火焰分为内、中、外三层，最里层是受热产生的气态蜡液，不会发光；中间层是蜡液蒸气完全燃烧产生的蓝色光，火焰温度最高；最外层蜡烛不完全燃烧，火焰发出黄色光. 能否制作发出绿色、红色、蓝色等颜色的彩色火焰蜡烛呢？彩色火焰蜡烛通过添加发色剂制成，发色剂采用金属盐，将其加入蜡烛的主燃剂，或吸附于烛芯上. 主燃剂燃烧产生浅色或无色火焰，产生足够高温度，激发金属离子. 用做烛芯的棉线经去钠离子处理和燃烧性能的改进，避免出现蜡体和蜡芯不能同步燃烧、火苗小等现象.

　　蜡烛火焰将周围空气加热，空气电离而变成导电区. 利用蜡烛火焰开展静电实验，点燃蜡烛固定在桌上，将韦氏起电机带正电的放电球G1距蜡烛火焰约

2 cm. 蜡烛火焰仿佛受到排斥力, 弯离放电球G1, 如图3.18火焰静电场实验. 如果靠近带负电的放电球G2, 火焰受到吸力而偏向放电球G2. 蜡烛火焰将空气分子电离成正离子和电子, 电子质量比正离子小, 电子获得的动能较大, 较易脱离蜡烛火焰明火部分, 导致火焰区域正离子密度比负离子大, 出现火焰偏离不同放电球现象. 本实验要求天气凉爽干燥, 空气湿度在50%左右.

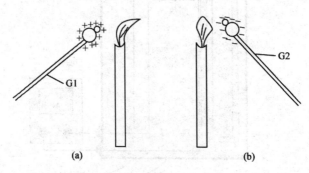

图3.18 火焰静电场实验

金属板P通过塑料柄固定在铁支座上, 乒乓球外表涂满铅笔芯粉末, 成为导电球A, 用锦纶丝穿过乒乓球悬挂于塑料棒上. 乒乓球离开金属板3 cm左右, 用导线将金属板和放电球相连. 点燃蜡烛放在乒乓球下方6 cm, 起电机工作时, 乒乓球不断撞击金属板发出咚咚声. 点燃蜡烛靠近乒乓球时, 火焰周围离子飞向乒乓球, 球受到带电金属板吸引而发生碰撞作用, 如图3.19蜡烛实验.

剪一段棉线搓成蜡烛芯, 粗细和长度参照普通蜡烛. 用锉从镁棒上锉一些镁粉下来. 找一根普通蜡烛放在金属容器里熔化, 把搓好的蜡烛芯在蜡液里浸泡, 使蜡油浸透棉线. 把浸透蜡油的烛芯放在镁粉里, 滚动揉搓使镁粉均匀地粘在上面. 找一个圆筒状的容器, 把蜡烛芯立在正中, 然后把熔化的蜡油浇进去. 等蜡油冷却凝固了, 一支吹不灭的蜡烛就制作完成了. 把蜡烛点燃, 吹灭后它马上又燃烧起来. 因为镁粉的燃点很低, 只有38~40℃, 蜡烛被吹灭之后, 烛芯上的余温高于镁粉的燃点, 镁粉被点燃, 造成蜡烛吹不灭的现象.

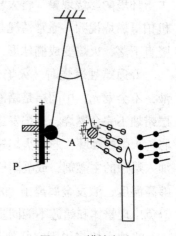

图3.19 蜡烛实验

【13】 莱顿弗罗斯特效应

趣味猜想

将水滴到炙热的金属板表面，水滴会迅速气化吗？

实验装置

坩埚、水、音箱、酒精灯.

原理探究

沸腾是液体的重要现象，当液体受热超过饱和温度时，内部和表面发生激烈汽化，同时伴随着热量的传递. 1756年，莱顿弗罗斯特发现，水滴可以在炙热的物体表面存在数分钟，在一定条件下这样的水滴形成振荡的星形图案.

当高温板温度高于水溶液的沸点时，液滴中跟高温板表面接触的部分迅速沸腾形成水蒸气，形成覆盖在加热板表面的稳定蒸汽膜，这属于膜态沸腾. 蒸汽膜极大地增加了壁面与液体之间的传热热阻，降低传热效率，如图3.20莱顿弗罗斯特效应. 由于有高温板的参与，这种沸腾属于表面沸腾，影响沸腾的因素多且复杂，不易控制. 液滴尚保持液体的状态，由于水蒸气的传热比水溶液慢得多，蒸汽层阻隔水溶液直接接触高温板，悬浮起来的液滴不能吸收更多的热量，减慢汽化速度，形成莱顿弗罗斯特现象．水滴可以在蒸汽表面进行自由度很高的振动，这个体系竖直振动提供的简谐驱动力作用于水滴，使其产生分散的作用效果，它与水滴存在的表面张力互相竞争，导致水滴变成持续振荡的星形图案．

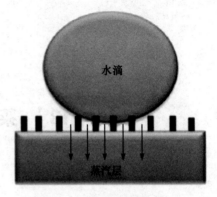

图3.20　莱顿弗罗斯特效应

选取刚玉坩埚作为亲水性表面（接触角小于90°）进行实验，外接固定频率的音源，促使音箱喇叭口以固定频率机械振动，将加热到莱顿弗罗斯特点的刚玉坩埚置于喇叭口上，坩埚下垫置软木板并用铁丝固定，防音箱箱体被高温灼伤，如图3.21莱顿弗罗斯特实验．为了使实验现象更加清晰可见，在纯净水中滴加少量蓝色染料，配置的水与染料的体积比大于50，该用量导致水滴密度、表面张力系数等性质参量的变化极小，不会对实验结果造成大的影响．

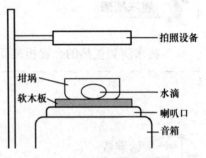

图3.21　莱顿弗罗斯特实验

贝纳德对流现象是液体在非平衡态的自组织现象，是非平衡态热力学、非平衡态统计物理和非线性力学中重要的现象．下层液体受热膨胀，密度减少，在浮力的作用下向上层运动，与此同时上层液体向下运动，由于液体具有黏性，这些运动会受到液体黏滞力阻碍，当上下表面的温差较小时，由温差产生的浮力不足以克服黏滞力的作用，液体静止不动，呈现典型的静态传热传导过程．当下部继续加热，上下温差大于某个值时，将出现一种平稳的对流翻滚状态，在容器中心流体向上运动，边缘流体向下运动．

【14】 气体火焰驻波

趣味猜想

　　驻波不是振动状态的传播，也没有能量的传播，只是介质中各质点都在作有规律的稳定振动. 如何用燃烧的火焰直观显示驻波的状态和特殊性质呢？

实验装置

　　不锈钢管、天然气、音箱.

原理探究

　　驻波是波叠加后产生的特殊现象，由两列频率相同、在同一平面内沿相反方向传播的正弦波相互叠加而成.

　　选择一根长1.7 m、口径5 cm的不锈钢管作为实验的驻波管，在管上钻一排相距0.5 cm、孔径1 mm的小孔. 管的一端连接喇叭，最好是音箱且外径和钢管接近，和管子密封固定，信号发生器通过喇叭将固定频率的声波传入管中，如图3.22气体火焰驻波装置. 管的另一端用平整的塑料板密封，作为一个反射面. 靠近喇叭的一端，管的下方钻0.8 cm的孔，燃气从这个孔通入管中，检查接口的密封、音箱和信号源是否正常工作. 因使用黏接剂进行密封, 点火后管子温度会很快上升, 在管子两端要用湿毛巾缠裹, 不断地滴水确保降温, 保证足够的调节与测量时间. 尽量在最短时间内完成各项调节与测量. 因为热运动对测量数据有影响, 点燃前需要进行通气, 由于天然气是易燃的气体, 要打开门窗确保人员安全.

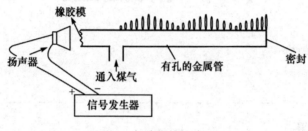

图3.22 气体火焰驻波装置

点火由两人操作, 一人慢慢开启控制阀门, 燃气从管的下方通入, 另一人从靠近反射端沉着镇定地试着点燃气体. 管上方的火焰高度 (不能超过4 cm) 在一条水平线上. 用精度是0.1 Hz的双路数字合成信号源提供正弦波信号, 开启信号源 (预置1 000 Hz), 开启音箱, 随着喇叭的振动, 火焰会呈高低分布的状态. 以每次1 Hz的变量, 分别减小频率和增加频率, 达到效果最佳. 实验能否成功的关键在于管的粗细程度, 如果管道直径过小, 管中气体动态平衡受外界气压的影响较大, 缓冲性较差, 温度上升更快, 热运动的影响更大, 不利于驻波演示, 建议管径大于5.0 cm. 火焰应该尽量调小, 火焰平稳时其高度要小于4 cm, 火焰太大就不平稳, 不利于观察. 输入频率应控制在1 000 Hz左右, 频率越低, 则波长越长, 不利于观察. 要避开共振点, 在共振点出现熄火现象, 此时气阀门来不及调节就熄灭了.

【15】 气象球制作

趣味猜想

　　天气预报天气早知道，自己动手制作一个气象球. 气象球会随着气温、湿度的变化而形成羽毛、叶子般的结晶，气温越低结晶就会越多，它的预报原理是什么呢?

实验装置

　　硝酸钾、氯化铵、樟脑、酒精、玻璃瓶.

原理探究

　　将硝酸钾和氯化铵溶解于水中，将樟脑溶解于酒精中，加热搅拌到澄清，温度为30～40℃. 混合后封存在试管或玻璃容器中，需要1～2周时间让晶体稳定并适应环境. 樟脑丸通常是人工合成的，最好找天然樟脑.

　　在同种条件下不同浓度的药品比例预测结果准确率不一样，按照硝酸钾2.5 g、氯化铵2.5 g、天然樟脑10 g、95%的乙醇40 mL、蒸馏水33 mL配方制作的天气瓶子的预测准确率最高，预测成功率只有20%. 结晶过程本身会受到许多因素的影响，包括溶质自身的特性、溶液体系、溶质浓度、温度以及温变速率. 由于天气预报瓶是封闭体系，环境温度以及温度变化的速率、温度的改变会引起瓶内压强，进而影响结晶的速率、晶体的生长方式及晶型的变化. 天气瓶中美丽的结晶就是樟脑晶体，氯化铵与硝酸钾在这个体系中并没有发生结晶，它们的存在可以提供晶核.

对于樟脑–乙醇–水体系来说，温度越低就越容易出现结晶，温度变化的趋势和速率也会显著影响结晶，快速降温和缓慢降温得到的结晶就不同. 当出现温度骤变的天气时，天气瓶子中的晶体会发生明显变化. 天气预报瓶不能准确预报天气，也不能实时反映天气情况. 当气温突变时，瓶内的晶体会发生明显变化，可以简单预测气温突变的天气. 温度改变时三种物质的结晶析出、溶解速度存在差异，形成不同物质间的交互作用，如图3.23物质结晶. 温度的变化速度会影响结晶的成长大小与结构，造成瓶内晶体型态万千的美丽变化. 温度是影响瓶内结晶形态的最主要因素，与天气的对应关系成随机分布. 虽然不能用来预报天气，但天气瓶随着外界温度变化展现出多变的晶体变化，可以作为一个美丽的装饰.

图3.23 物质结晶

【16】 姆潘巴现象

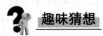

趣味猜想

公元前 300 年亚里士多德写道:"先前被加热过的水,有助于它更快地结冰.因此,当人们想去冷却热水,他们会先放它在太阳下."1620 年培根记录"水轻微加热后,比冷水更容易结冰."笛卡儿表示"放在火上一段时间的水,比其他水更快地结冰."难道热水比冷水结冰更快吗?

实验装置

水、冰箱.

原理探究

1963 年,坦桑尼亚一名中学生姆潘巴在学校制作冰激凌,他将沸腾的牛奶和糖混合后,等不及牛奶冷却就直接放入冰箱里,结果热牛奶比冷却过的牛奶更早凝固成冰激凌.这种似乎违反生活常识的现象被称为姆潘巴效应.很早就有人观察到,"热水比冷水结冰快"有一定条件,即它不是在任何情况下都能发生,和液体的多少、液体的初始温度差有关,还与容器形状和大小、冰箱形状和大小、水中的气体及其他杂质等都有密切关系.影响热水先结冰的因素包括液体内部的混沌自组织系统、液体内部和液体周围空气的对流、液体中所溶解的气体分子或大分子对热量传递的快慢、液体的蒸发等.

目前大多数研究都以水为研究对象，这种敏感性使得实验结果难以重复甚至相互矛盾. 姆潘巴效应并非任何条件下都出现，只有在一定的初始温度、容器形状、冷却条件下，初温稍微高一些的热水才会先结冰. 一种实验结果解释是由于液体在较热容器内循环比较好，中部的热水迅速流向容器壁和水的表面. 热水能释放出更多溶解于水中的气体，也会失去更多的质量和蒸发热量. 例如，水从100℃冷却到0℃，假设主要的热损失由蒸发引起，质量损失约占16%，热水需要冷却水的质量比较少，更快达到凝固. 水在加热过程中，一些通常会使水变"硬"的溶解物主要是碳酸钙和碳酸镁等碳酸盐，会被驱逐出来形成固体沉淀. 未经加热的水中仍含有这些溶解物，在水结冰过程中随着冰晶的形成，尚未结冰的水中这些物质的浓度会进一步升高，甚至可达正常水平时的50倍. 这种情况会降低水的冰点，就减缓了冷水结冰的速度. 姆潘巴在牛奶中加糖实际上是使水变得"更硬"，扩大只含少量碳酸盐的热牛奶与富含碳酸盐的冷牛奶之间结冰速度的差距.

【17】 声音"吹灭"蜡烛

趣味猜想

声音是由物体振动产生的声波，声音具有能量可以吹灭蜡烛，需要满足什么特定条件呢？

实验装置

反射镜、铁架台、光具座、蜡烛．

原理探究

将直径及焦距相同的两个抛物面反射镜固定在铁架台上相向放置，间距60～70 cm，间距大小依照抛物面反射镜灵活而定，在两个抛物面反射镜下方放置一个光具座．在两个抛物面反射镜的中间放一支或几支点着的蜡烛，在左边反射镜的焦点处也放一支点着的蜡烛，如图3.24声音吹灭蜡烛．

在右边的抛物面反射镜的焦点处打响发令枪，左边反射镜焦点处的蜡烛熄灭，两抛物面反射镜中间其他蜡烛没有被吹灭．抛物面反射镜起着把声音集中到焦点的作用，在声音集中的地方点着一支蜡烛，声音在两个抛物面反射镜之间传播和反射，通过左边抛物面反射镜焦点处声波最强，能量最大，空气振动就集中于那一点，蜡烛就被吹灭．中间其他蜡烛没有被吹灭，原因是它们所处位置的声波强度不如焦点处．在一个罐头盒底部打一个2分币大小的圆孔，用塑料布盖住罐头盒其中一端，并用细线固定．点燃一支蜡烛，放在大约1 m远处的桌面上．手指弹动绷在罐头盒顶部的塑料布，烛焰同样被扑灭．

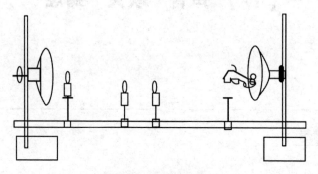

图3.24　声音吹灭蜡烛

在较大体积的纸箱表面开一个圆孔，就成为一个威力巨大的空气炮，充入较多的烟雾，敲击纸箱形成的烟圈轻易地将前面的20多根点燃的蜡烛熄灭．

【18】　吸管制作水泵

趣味猜想

　　水泵又名抽水机，利用大气压的作用将水从低处提升至高处. 我们利用塑料吸管也可以制作抽水的水泵，试试看吧.

实验装置

　　塑料珠、吸管、玻璃杯.

原理探究

　　把大小两个塑料珠子分别塞进两根吸管的底端，这两个珠子都是带孔的，没有彻底把吸管堵死. 分别把大小两个钢珠从另一端放入吸管，大的塑料珠子能够紧紧塞住粗吸管，大的钢珠正好能放进粗吸管，并且能够轻松地上下移动，细吸管对应的尺寸也是类似. 用剪刀把细吸管弯头那一部分剪开一段，然后用胶带缠一下，使得细吸管弯头部分变成更细的喷头状. 在底端用细线缠绕几圈，使得细线缠绕部分的外径略大于粗吸管的内径，如图3.25吸管制作水泵.

　　把细吸管插进粗吸管里面，并把粗吸管底端放进水里. 上下抽动细吸管，有水从细吸管的喷头里喷出. 细吸管缠上细线就相当于活塞，两个自行车轴承滚珠相当于单向阀门. 向上抽动细的吸管,由于细线做成的阀门,它与粗吸管之间密封良好,可以先沾点水,让细线湿润之后密封效果更好,在粗吸管中形成低压. 在大气压的作用下,水从粗吸管底部塑料珠的小孔里进入粗吸管,此时大滚珠被顶起. 当细吸管向下时,管内的水也向下,大滚珠受到压力,把大塑料珠上的小孔压住,使得水不能向下走. 于是水压增加,向上顶起细吸管上的小滚珠,水从喷嘴喷出.

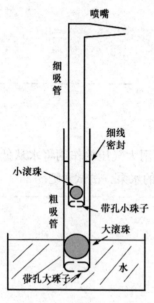

图3.25   吸管制作水泵

【19】 希罗喷泉

趣味猜想

　　希罗喷泉相传是古代力学家希罗设计的，原理是利用不同容器间的水位差产生势能，驱动水在一定压强下喷射. 我们利用塑料瓶和输液管等器材. 尝试制作一个会喷水的希罗喷泉.

实验装置

　　塑料瓶、铅笔、一次性输液管、水等.

原理探究

　　希罗喷泉. 本次实验的制作材料为雪碧瓶3只、自动铅笔1支、一次性输液管. 将瓶1去底，3个盖各打2个孔，按图分别插入管和杆，插口处用胶密封. 瓶1和瓶2以杆3连通并相对固定，头部有很细的小孔且头尾贯通的圆杆均可作杆3. 瓶2置于桌上，瓶3放在地面，瓶2装满水，瓶3不装水，盖严3个瓶的瓶盖. 向瓶1中加水至浸没喷嘴，水将沿管1流入瓶3，稍后有水从喷嘴喷出. 实验成功的关键是密封要好，喷嘴很细，要保证其畅通. 要有持续喷泉，须保证瓶1中有水. 喷嘴愈细，瓶1和瓶3高度差愈大，喷泉愈高. 瓶2和瓶3愈大，喷射时间愈长，如图

3.26希罗喷泉.

如果用1 mL的一次性注射器作杆3，可说明毛细管的节流作用．将拔去针管的针头套套于注射器针座上当喷嘴，可形成喷泉．用完整的连针针头套套于针座上时，不能形成喷泉，仅有水从针尖渗出．水在细长的针管中流动，水的黏性力阻碍其自身的流动．在喷泉喷射时，瓶2中的水不断减少，瓶3中水逐渐增加．当瓶3中水面升至管2下口时，水将沿此管上升，开始时升得较快，喷泉高度基本不变；随后上升变慢，同时喷泉高度降低．当水升到接近瓶2中水位高度后，将不再上升，喷泉也消失．瓶2中压强所能支持水柱的高度（即喷泉的最低高度）不可能比瓶1和瓶2中水面的高度差更大．

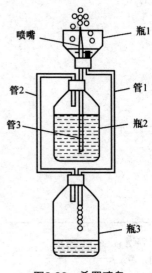

图3.26　希罗喷泉

【20】 橡皮热机

趣味猜想

这是一个神奇的车轮，它不需要链条驱动，仅仅用灯泡照射就会自己转动起来，难道灯光会提供车轮运动的能量吗？

实验装置

橡皮筋、灯泡、车轮等.

原理探究

橡皮筋具有十分奇异的性能，用双手拿好橡皮筋，橡皮筋在拉伸时升温. 当拉伸的橡皮筋恢复到室温，突然放松又会降低温度. 把橡皮筋下端挂上重物，让它处于拉伸状态，用热风枪加热，受热后的橡皮筋会出现缩短的趋势.

以下用大量橡皮筋制作成车轮的辐条，将车轮放置在两边有光滑凹槽的木架上，在车轮一侧固定好一个灯泡，如图3.27橡皮热机装置. 将灯泡接入电路，观察车轮接下来的运动状态. 聚光灯照射转轮一侧时，该区域的橡皮条受热收缩，迫使轮圈往非受热区移动，芯盘往受热区移动，即转轴往受热区移动，重心相对转轴有一个小的位移. 由于转轮重心不在转轴上，重心相对转轴会产生一个重力矩，使转轮向某一方向转动．随着转轮的转动，缩短的橡皮条离开高温区，恢复原来的长度．同时又有新橡皮条轮辐转到高温区，它们同样受热收缩使转轮转动，转轮就会连续不断地转动．调整热源的高度和角度，使热源靠近转轮的一侧，当灯光照射转轮一侧的橡皮条时，转轮就会向某一方向慢慢转动．当用聚光灯照射转轮另一侧时，转轮会向相反方向转动．

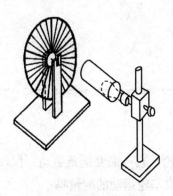

图3.27　橡皮热机装置

移动热源位置，当灯光照射转轮中心部位时，无论怎样照射，转轮都静止不动．光照射转轮一侧为高温热源，其余部分为低温热源（室温）．转轮在两个热源作用下转动即为热机的工作过程．在转轮的背面加一面直立的平面镜，实验效果更好．通过平面镜的反射，转轮对热辐射实现二次吸收，充分利用能量．若用相同功率的红外线灯，热机的转动将稍快一些，说明红外线灯的热辐射能力大于白炽灯．仪器放置于阴凉通风处，防止橡皮筋老化变质以免轮圈产生形变．

【21】 形形色色的肥皂泡

趣味猜想

　　吹肥皂泡并不是只有儿童才喜欢的游戏活动，利用特殊的配方，可以吹出比人还大的巨型肥皂泡，开展各种有趣的实验活动，试试看吧.

实验装置

　　洗涤剂、水、钢珠.

原理探究

　　配制吹泡泡的溶液，用洗涤剂和水按照1∶4的比例配制肥皂泡溶液. 将绳子做的圆环浸入大的平底盆所盛溶液中，手持吸管将圆环缓缓提起来，同时将两根吸管带动粗绳分别向相反方向扭动，大泡泡就做出来. 将吸管放入一个大平底容器溶液中，吹出一个较大的泡泡. 将吸管从泡泡中抽出，使其一端在溶液中浸泡，然后将吸管再穿进泡泡中，吸管开口端接触到平底盆中的溶液，开始吹第二个泡泡，形成有趣的泡中泡.

　　如图3.28肥皂墙，找一根1 m长的细木棒，两端各绑一根2 m长的细绳，绳子另一端各吊一个重物. 在一个大平底盆里盛上配制好的溶液，将重物、细绳和木棒放入溶液中. 将细木棒在水平缓慢地向上提起, 一面巨大的肥皂墙就被造出来了. 在一个大平底盆里盛上配制好的溶液, 在溶液中放入一个呼啦圈, 呼啦圈上系两根绳子当提手用. 人站到盆中呼啦圈的中间, 另外两人站在盆两侧的凳子上, 把呼啦圈的绳子慢慢往上提高, 一直高过人的头顶, 一个巨大的圆柱形肥皂泡将人围在其中.

图3.28　肥皂墙

取一根直径为2 mm的镀锌铁丝, 弯成直径为15 cm的圆环. 洗去圆环上的油污和尘埃, 使其表面光滑且不带毛刺. 将圆环浸没于配制好的肥皂液中, 然后缓缓地取出, 圆环上形成一张肥皂膜. 将洁净光滑的缝衣针在肥皂液中浸一下, 然后刺穿肥皂膜. 将缝衣针从肥皂膜中抽出, 肥皂膜不留痕迹地恢复原状. 取几颗洁净的小钢珠, 在肥皂液中浸一下, 将带有肥皂液的小钢珠从圆环上方自由落下. 小钢珠不受阻挡地穿进肥皂膜, 肥皂膜完好无损.

将带有肥皂膜的圆环置于自来水龙头下端5 cm处, 缓慢旋松龙头, 水滴以每秒1~2滴的速率下落. 水滴穿越肥皂膜后, 肥皂膜完好无损. 如果龙头旋得更松, 形成一股很细的连续细流, 也从肥皂膜中穿过, 肥皂膜依然不破. 水对肥皂分子具有吸附作用, 使肥皂膜形成三层薄膜叠加的结构: 中间一层为纯净的水层, 上下两层均为被纯净水吸附的肥皂分子. 当肥皂膜被延展变薄或钢珠穿越发生破裂趋向时, 迫使中间的纯净水层裸露出来. 由于纯净水的表面张力较大, 强硬将肥皂膜四周的肥皂液拉过来, 以增厚变薄的区域或修补破裂的孔洞, 如图3.29肥皂泡实验.

将细塑料管一端套上打气囊, 并将塑料管放入肥皂水中, 立即拿出来. 把塑料管固定在铁架台上, 音叉塑料管与垂直放置, 且与塑料管开口处平齐. 轻捏打气囊, 肥皂泡喷出稳定在塑料管口, 用小锤敲击音叉, 然后将铁架台逆时针旋转

90°，轻捏打气囊，再次用小锤敲击音叉．先看到肥皂泡前后振动，旋转铁架台后无明显变化．

　　用细塑料管一端套上打气囊，将塑料管浸入肥皂水中，立即拿出来．塑料管固定在铁架台上，把表面覆盖金属箔片的乒乓球拍水平放置在塑料管管口正下方，有金属箔片的一面朝上．分别将塑料管口和金属箔片接到起电机的同一极上，轻捏打气囊看到肥皂泡喷出后逐渐膨胀增大，不停摇动起电机并观察现象．改变球拍处于竖直平面内，有金属箔片的一面正对塑料管管口．分别将塑料管口和金属箔片接到起电机的不同两极上，持续摇动起电机，不停捏动打气囊，看到肥皂泡不停喷出．肥皂泡被托起并在空中蔓延，肥皂泡随球拍的升降而浮沉．将球拍的放置在竖直平面后，肥皂泡落下并沿曲线趋向带异种电的球拍运动．

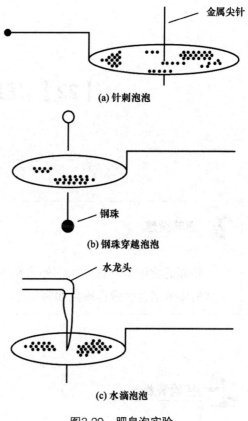

(a) 针刺泡泡

(b) 钢珠穿越泡泡

(c) 水滴泡泡

图3.29　肥皂泡实验

【22】 压缩能传播

趣味猜想

　　相邻的物体紧密排列，在外来作用下会发生不可预料的结果，看看不同类型的多米诺骨牌效应现象如何？

实验装置

　　硬币、多米诺骨牌.

原理探究

　　固体由原子、离子、分子等微观粒子组成，它们紧密地排列在一起. 当固体的一端受到外界撞击带来的压缩能时，该处的微粒产生相应的压缩形变，将压缩能传递给相邻的微粒. 相邻的微粒会产生压缩形变，又会传递能量.

　　将几枚同样的硬币放在桌面上排成一行，相互紧密地靠在一起. 迅速击打第一枚硬币，使它快速撞击在第二枚硬币上，与此同时最后一枚硬币也迅速冲出去. 第一枚硬币冲击产生的压缩能量，在硬币的行列快速向前传递，在极短的时间内就传到最后一枚硬币，使它冲向前方. 上述过程在固体内部的微粒之间依次进行，在非常短的时间内就到达固体的另一端，这里的微粒将压缩能传递给外界. 尽管每一个微粒的运动都很微弱, 但是它们之间就像被小弹簧连接起来一样, 以波动的方式携带着能量急速向前. 当能量在连接起来的一系列物体间传播时, 速度远超每一个物体的运动速度.

多米诺骨牌是一种用木制、骨制或塑料制成的长方形骨牌. 将骨牌按一定间距排列成行, 碰倒第一枚骨牌, 其余的骨牌就会产生连锁反应, 依次倒下. 在一个相互联系的系统中, 一个很小的初始能量可能产生一连串的连锁反应, 称为多米诺骨牌效应. 骨牌竖着时重心较高, 倒下时重心下降, 倒下过程中将重力势能转化为动能. 第1张牌倒在第2张牌上, 动能转移到第2张牌上, 第2张牌将第1张牌转移来的动能和自己倒下过程中由本身具有的重力势能转化来的动能之和再传到第3张牌上. 每张牌倒下时, 具有的动能都比前一块牌大, 它们依次推倒的能量一个比一个大.

如图3.30异型骨牌, 科学家制作一组异型骨牌, 第1张最小, 长9.53 mm、宽4.76 mm、厚1.19 mm, 以后每张体积扩大1.5倍, 这个数据是按照一张骨牌倒下时能推倒一张1.5倍体积的骨牌而选定的. 最大的第13张长61 mm、宽30.5 mm、厚7.6 mm, 牌面大小接近于扑克牌, 厚度相当于扑克牌的20倍. 把这套骨牌按适当间距排好, 轻轻推倒第一张, 波及第13张. 第13张骨牌倒下时释放的能量比第一张牌倒下时的能量要大10^9多倍. 多米诺骨牌效应的能量是按指数形式增长的, 如果制作第32张骨牌, 它将高达415 m, 2倍于纽约帝国大厦, 摩天大厦就会在一指之力下被轰然推倒.

图3.30　异型骨牌

第四章

光学自主探究实验

【1】 白光色散与彩虹再现

趣味猜想

　　光的色散是指复色光通过棱镜分解成单色光的现象，1666 年牛顿最先利用三棱镜观察到光的色散，把白光分解为彩色光带. 能否利用简单的器材实现白光色散，用平行光源产生彩虹呢？

实验装置

　　平面镜、脸盆、球形烧瓶、屏板、LED、热熔胶.

原理探究

　　在盛水脸盆里斜靠一块平面镜，镜的下边用橡皮泥黏于盆底. 用另一块平面镜将太阳光引入室内，通过狭缝射向水盆里的镜面，教室白色墙壁上呈现一条鲜艳的七色光带. 激发水面使它迅速做微小振动，在墙壁上可观察到白光再现，阴雨天可利用幻灯机或其他平行光源发出的光进行实验. 白光进入水中经平面镜反射再由水面射出，发生两次折射. 激发水面使它迅速做微小振动，由于各种色光迅速复合，加上视觉暂留的作用，原来呈现彩色光带的地方感觉到白光的出现，如图4.1白光色散.

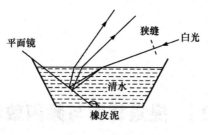

图4.1　白光色散

　　盛满清水的球形小烧瓶，上半部开有直径为1~3 cm圆孔的白色屏板. 将烧瓶置于屏板后0.5 m处，屏板前安装平行光源，使光源、屏板圆孔和烧瓶等高. 移动屏板至适当位置，看到一个美丽的圆形彩色光谱（红色在内，紫色在外），同样可用幻灯机或太阳光作光源.

　　在透明玻璃杯里倒大半杯清水，再滴入几滴牛奶. 点燃蜡烛后放在杯子后面，杯子里的水变成红色. 再把蜡烛放在杯子前面，杯子里的水变成蓝色. 烛光看上去是白色，实际由红、橙、黄、绿、青、蓝、紫等色光组成，红、橙光线的穿透能力比较强，蓝、紫光线的穿透能力比较弱. 烛光放在杯子后面时，红光很容易穿透牛奶微粒，杯里的水显出红色. 烛光放在杯子前面时，蓝光不能穿透牛奶微粒而被反射回来，杯里的水显出蓝色.

　　以下利用红色激光笔照射纯净水、食盐水、牛奶溶液时的不同情况，生动地展现光的散射现象. 三个相同的透明玻璃杯分别装有纯净水、食盐水、含有牛奶的水溶液，用红色激光笔同时照射这三个玻璃杯，发现激光通过纯净水、食盐水时均看不到光路. 当激光通过加有牛奶的水杯时，可以看到一束明显的激光束. 牛奶含有大量脂肪和蛋白质分子颗粒，光线通过牛奶时会在这些颗粒的表面发生散射现象. 水杯加入食盐，食盐会发生溶解，光线散射作用小得多，无法观察到水中的光路.

　　以白光LED照射热熔胶一端，观察热熔胶显示的颜色变化，说明光在介质中的散射. 白光中含有不同波长的光，空气或介质中含有尺寸小于波长的杂质而发生瑞利散射，蓝光（波长较短）的瑞利散射现象比较明显，因此蓝光衰减较快；红光具有较远的穿透力，在热熔胶的两端出现蓝色与红色的差异.

【2】 视觉暂留与频闪效应

趣味猜想

　　视觉暂留是光对视网膜所产生的视觉效果，也是电影拍摄和放映的理论基础. 能否用纸盘、水彩笔等探究视觉暂留现象，加深对视觉规律的理解和认识？

实验装置

　　纸盘、水彩笔、日光灯.

原理探究

　　物体发出的光进入眼睛，在网膜上形成影像，大脑产生视觉. 如果闭住眼睛或将物体移离视线，大脑中的视觉不会马上消失，可以继续留存一段时间. 对于中等亮度的光刺激，视觉暂留时间为0.05～0.2 s.

　　做一个硬纸盘，在硬纸盘上画内外两个同心圆环，在内环画8个大小相等、黑白相间的扇形，在外环画10个大小相等、黑白相间的扇形. 在圆盘中心插上一根火柴棍，先把纸盘放在阳光下，用手拧动火柴棍，使纸盘旋转，内外环旋转方向是一致的. 在黑暗的房间内打开日光灯，再用手拧动火柴棍，纸盘迅速旋转，

此时纸盘的内环向一个方向旋转，外环向另一个方向旋转．我国电源是50 Hz
的交流电，日光灯在1 s内要亮灭100次．当纸盘的转速为25 r/s时，圆盘每经过
0.01 s旋转1/4周．日光灯每亮一次，圆盘内环刚好转过一黑一白两格，因此内环
就像停止不动一样．当转速高于25 r/s时，内环正转（与实际转向一致）；当低于
25 r/s时，内环反转．外环的临界转速为20 r/s，当纸盘转速在20 ~ 25 r/s时，出现
内环反转、外环正转的情况，如图4.2视觉暂留与频闪实验．

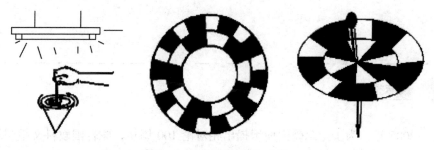

图4.2　视觉暂留与频闪实验

人眼看到的事物都是视网膜上的记忆，视网膜中央的视觉细胞数目远大于周
边的视觉细胞，当中央细胞感知的景物发生变化时，有足够数量的细胞补充适应
景物的变化，视觉暂留的空缺很快补上．但是视网膜周边细胞数量不大，对变化
的景物不能迅速反应，保留一部分之前的视觉记忆．在视觉暂留过程中，若无新
的景物，视网膜呈现的就是以前看到的景物；若有新的景物出现，中央视觉细胞
即刻做出反应，看到新的景物，但是周围细胞呈现的仍是以前的景物，即两物
并存．

一个涂有黑白两色的圆盘，快速转动时变成很多彩色同心圆环，这就是著名
的法契纳圆盘之谜．将一张白纸剪成圆形，半边涂成黑色，半边涂成白色，再用
透明胶带将其贴在转盘上．将转盘转动起来，观察转盘上呈现的颜色．改变转盘
的转速，观察转盘上呈现的颜色有无变化．

用水彩在圆纸板的一面染上红色，另一面染上蓝色．在圆纸板的两边各扎一
个小孔，用线穿上．双手拉住一边的线使纸板旋转，圆纸板上的颜色是紫色的．
把一个圆纸板均匀划成4格，交叉涂上蓝、黄两色．在圆板的中心扎两个小孔，
穿上线后旋转圆板，此时圆板上出现绿颜色．因为圆板转动得飞快，一种颜色过
去之后，在眼睛里留下一个短暂的时间才能消失，眼睛把前后旋转过去的两种颜
色混合到一起，看到第三种颜色．

【3】 彩色影子探究

趣味猜想

　　2005 年，为了纪念爱因斯坦提出相对论 100 周年，联合国教科文组织发起 "世界物理年"，向全球青少年提出 20 个趣味科学问题，其中一个课题就是寻找彩色影子. 能否利用彩色灯泡等器材探究神奇的彩色影子?

实验装置

彩色灯泡、灯座、反光罩、导线、变阻器.

原理探究

　　一些科技展览馆设立了体验彩色影子的装备，只需要按下按钮就能使投光灯亮起，用手或借助物体在灯和白屏之间不同位置做出动作，观察手的位置与阴影颜色的关系. 同时点亮红和蓝、红和绿、绿和蓝色灯，投影在白板上的彩色影子呈现.

　　这套特殊的装置在人体身后有三盏灯，分别发出红光、绿光和蓝光. 墙看起来是白色的，就是这三种颜色适当混合的结果. 通过这三盏灯可以制造七种颜色的影子：青、紫、黄、蓝、红、绿、黑. 挡住三种光线中的一种，另外两种光线就会混合制造出青色、紫色或黄色影子. 把手指伸到黄色光线中, 会看到红色与绿色两种影子. 黄色影子是由红色和绿色光线混合后产生的, 手指挡住从一个方向来的红色光线, 只有绿色的光线投在墙上形成绿色影子; 手指挡住由另一个方向来的绿色光线, 只有红色的光线投在墙上形成红色的影子. 挡住三种光线中的两种, 得到影子的颜色就是第三种光线的颜色, 挡住全部三种光线就会得到黑色的影子.

如图4.3彩色影子实验, 在暗室里打开一盏60 W白炽灯, 在桌子上铺一张对开的白纸, 在白纸上放一只8 W日光灯, 使日光灯离白纸约205 cm, 白炽灯离白纸2 m. 接通白炽灯和日光灯的电源, 在白炽灯和日光灯的共同照射下, 将一支铅笔放在日光灯前离白纸5 cm处, 铅笔与8 W日光灯管平行. 在两种白光照射下, 我们看到铅笔的影子是黑色的. 先关闭日光灯电源, 取一片红色玻璃纸将8 W日光灯管全部包起来, 关闭60 W白炽灯, 再接通日光灯电源, 在日光灯发出的红光的照射下, 铅笔在白纸上显示黑色影子. 再接通白炽灯, 白光照射到日光灯下的铅笔, 此时铅笔影子变成青色. 铅笔影子的颜色可以变化, 只要用青色玻璃纸、黄色玻璃纸、蓝色玻璃纸分别包住日光灯管, 就能看到红色、蓝色、黄色的铅笔影子.

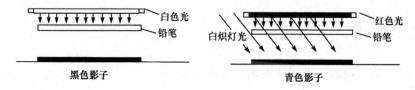

图4.3 彩色影子实验

由于红色和青色、蓝色和黄色是互补色, 能观察到有颜色的影子. 在红光照射下, 人的眼睛中专门接收红色视觉的锥体细胞对红色光感到疲劳, 显著降低分辨红色的能力, 红光传到大脑没有反应. 此时眼睛内的锥体细胞对青色光显得特别敏感, 注视红光和白光共同照射铅笔影子时, 眼睛内锥体细胞对红色光反应迟钝, 对青色光特别敏感, 在白色的环境里, 头脑会感觉这支铅笔的影子是青色的.

用三种单色光源同时照射物体会产生三种不同颜色的影子. 用单色光源照射物体会出现黑色的影子, 这是因为物体遮挡了照射的光源后, 影子当中没有其他色彩的光线来源, 形成黑色阴影. 以红色和绿色光源照射物体为例, 使用三基色原理来分析彩色影子的生成过程, 可见绿色光源会产生红色的影子.

【4】 隔空传音

光是一种处于特定频段的光子流，光在同种介质中沿直线传播. 能否利用光线传递声音信息，实现远距离声音重现呢？

 **实验装置**

LED、直流电源、太阳能电池、扬声器等.

 原理探究

如图4.4隔空传音实验，将数个LED并联，接着串接提供LED工作电压的直流电源（12 V），串接作为输入端的音源. 在LED隔空对面放置一个太阳能电池，太阳能电池两极接上扬声器. 直流电源启动使LED发光，在音源装置播放歌曲，扬声器同样播放声音. 光通信装置主要利用LED能随输入电压不同而在亮度上迅速做出反应. 利用12 V直流电达到LED工作电压，音源输出歌曲属于电压变化，与直流电源串联，两者电压相加，将此电压输入至LED灯，LED灯亮度会随输入电压而改变. LED灯发出的光里含有歌曲的信号，即以电压调变光的信号. 另外一端的太阳能电池接收随时间改变的亮度，输出电压也对应于接收到的亮度做出

变化, 电压变化传至扬声器, 最后发出与播放歌曲相同的声音. 直流电源宜尽量等于LED灯泡工作电压, 以使亮度-电压关系接近线性.

图4.4　隔空传音实验

【5】 全息投影

趣味猜想

全息投影也称虚拟成像技术，利用光的干涉和衍射原理，记录并再现物体真实的三维图像. 能否利用透明塑料片，制作属于自己的全息投影装置呢?

实验装置

透明塑料片、平板电脑、手机.

原理探究

如图4.5全息投影原理，利用4个半透面对光线的折射和全反射，对屏幕上的视频源文件进行反射. 由于视频源文件同时有图像的前、后、左、右4个面，4个面同时投影形成全息效果. 四棱锥体是最简单的制作，以下详细介绍全息投影制作过程以及注意事项. 投影设备由透明塑料等材质构成棱锥、覆盖在上方的单屏投影源构成. 光线由投影源发出，在棱锥侧面产生全反射，进入观察者眼睛. 如果能够使每个侧面反射的光线恰好构成三维物体的不同侧面，观察者从不同方向观看，就可以看到三维物体的不同侧面. 如图4.6全息投影光路图，为了保证反射光水平射入眼睛，需要使棱锥的侧面和底面所成的二面角为45°.

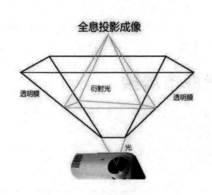

图4.5　全息投影原理

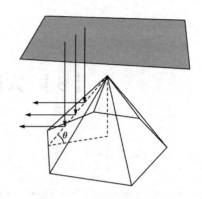

图4.6　全息投影光路图

各种手机或平板电脑的尺寸差异较大，构成四棱锥体的等腰三角形底边约等于屏幕的宽度. 如测量所用的iPad屏幕宽度为12 cm，等腰三角形的底边就是12 cm，顶角固定为70.5°，腰长为10.4 cm，腰长=底边×0.865. 如果要制作六棱锥投影，等腰三角形各边的几何关系为腰长=底边×1.32. 六棱锥的播放效果更佳，环六棱锥360°无死角观察到清晰逼真的投影图像；四棱锥在投影面交接角度处观察到轻微变形.

把透明薄板依据上面的规格裁剪出4个等腰三角形，用透明胶条或不干胶依次粘好各三角形的边，做成一个投影金字塔. 因为平板电脑的屏幕要放到金字塔的顶尖，设计一个支架把平板电脑架起来，不能挡住金字塔的四面；也可以用黑色纸盒做成暗箱型的支架，周围背景越黑，立体投影的显示效果越好. 将平板电脑或手机屏幕朝下，倒扣在金字塔的塔尖上，确保金字塔尖正对视频4个切分画面的中心.

利用各种专业视频制作软件，制作出所需图像的正面、背面、左右侧面，再转换为全息视频源. 也可以利用动画制作软件设计出人物模型、动作，分出前、后、左、右4个视图，导出播放视频. 网络上有不少3D全息影像素材，使用者可以根据需要下载和播放. 该实验显示的并不是真正意义上的全息图像，可以看成伪全息，虽然视觉上看起来有全息的效果，但其本质还是2D成像. 视频中的四分屏分别是少女的正面、背面以及左右侧面，这四面分别对应金字塔形投影仪四面的塑料片. 四个画面分别映射在4个塑料片上，从塑料片的4个角度来看，会产生"图像就在投影仪中央，能够360°无死角观看"的错觉. 制作全息投影时必须选择表面光滑、没有太多划痕的透明薄片，才能有更好的视觉效果. 播放视频的清晰度也很重要，最好采用清晰度为720P及以上的视频图像.

【6】 人造海市蜃楼

趣味猜想

　　海市蜃楼是由于光的折射和全反射而形成的自然现象，经常出现在海面、沙漠或戈壁等地区．能否利用定影粉配制成浓度连续变化的溶液，或者用不同浓度的蔗糖溶液配制成梯度溶液，模拟大气中密度连续变化的空气，呈现海市蜃楼现象呢？

实验装置

　　激光笔、定影粉、蔗糖、盐水、长方形透明玻璃缸等．

原理探究

　　将适量20℃的热水倒入烧杯中，一边加定影粉，一边用玻璃棒搅拌，观察定影粉形成饱和溶液．将配置好的饱和定影粉溶液倒入干净的玻璃缸中，液面在容器高度1/2处．将保鲜膜平整地贴到溶液表面及容器壁上，要求不漏水．在保鲜膜上缓慢加入清水，水层高度略小于下层溶液，注意不要超过容器壁上保鲜膜的高度．最后缓缓抽出保鲜膜，不要引起水层剧烈晃动，待互渗层稳定后开始观察成像情况，如图4.7海市蜃楼制作．

将适量20℃的热水加入到烧杯中，一边加入蔗糖一边用玻璃棒搅拌，直至形成饱和溶液. 取适量饱和蔗糖溶液转移至另一烧杯中，加水稀释使其达到半饱和态. 然后将配置好的饱和蔗糖溶液倒入干净的玻璃缸中，液面稍低于容器的1/3.

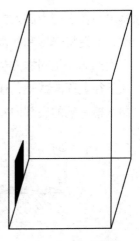

将保鲜膜平整地贴到液面和容器内壁上，要求保鲜膜的高度允许第二层溶液顺利加入而不会从边缘漏到底层溶液. 再将稀释好的半饱和状态的蔗糖溶液转移至玻璃容器第二层，将第二层溶液加到高度与底层相近时停止. 缓慢抽出保鲜膜后将液体静置. 待底层和第二层的溶液以及互渗层稳定下来之后再贴一次保鲜膜，然后加入水，水层高度与下面两层蔗糖溶液的大致相同，最后

图4.7　海市蜃楼制作

抽取保鲜膜，待三层液体以及两个互渗层稳定后开始观察成像情况.

在白纸上画出一个黑色的粗箭头，把它剪下贴在玻璃容器壁的左侧扩散层处. 在扩散层形成后，用激光笔照射该箭头，观察该箭头在玻璃容器右侧所成的像. 在溶液静置2 h、4 h、6 h后分别观察实验现象，能看到玻璃缸中出现明显的分层. 用激光笔照射水面，观察到光路及海市蜃楼现象. 如图4.8海市蜃楼示意图，用定影粉和蔗糖梯度饱和溶液构建两种体系模拟良好的海市蜃楼景观，特别是在蔗糖梯度饱和溶液实验中，整个实验过程可清楚地看到两个渗透层，随着静置时间的推移，互渗层的厚度也在增加，成像效果越来越清晰.

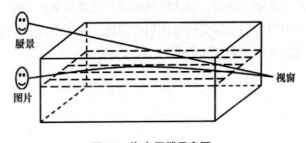

图4.8　海市蜃楼示意图

第二种方案是把水槽放在一个底部略小的不透明平台上，在水槽底部放一块蓝色塑料板，使其稍微上凸，模拟大海海面，在左端放一个房子或汽车模型，如图4.9海市蜃楼实验. 在两个较大的容器中调制好足够的饱和食盐水和未饱和食

盐水. 在水槽中倒入5 cm高的清水, 将细管上端与漏斗相连, 下端插至水槽的底部, 缓慢将未饱和盐水倒入漏斗, 流到水槽底部清水的下方, 注入未饱和食盐水高度5 cm. 用同样方法往水槽底部注入5 cm深的饱和食盐水, 水槽中的盐水密度从下往上逐渐减小, 模拟海面上方的空气分布. 观察者站在水槽右端, 将眼睛紧贴水槽右端的底部向左上方观察.

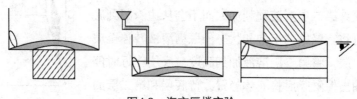

图4.9　海市蜃楼实验

第三种方案是制作长1.5 m、宽0.2 m的平滑铁片1块, 细沙约1 kg, 深色纸剪成树和骆驼图案, 长0.5 m、宽0.4 m的毛玻璃1块, 1 000 W的电炉. 平滑铁片横放在支架上, 在铁片表面撒上薄薄一层细沙, 做成沙漠型的表面. 把深色纸剪成的树和骆驼贴在毛玻璃上, 把毛玻璃放在平滑铁片的一端, 与铁片垂直, 使树和骆驼露在沙层上面. 在毛玻璃后下方用手电筒向上照射, 在平滑铁片的另一端看去, 好像树木和骆驼后面衬托着明亮天空一样. 把电炉放在平滑铁片下面加热, 加热一定时间以后, 用手靠近沙面感到很热, 沿平滑铁片往毛玻璃方向观察, 发现沙面下方出现树木和骆驼的倒影, 海市蜃楼实验成功. 实验时房间里不能有风, 光线不要太强, 铁片各处加热要均匀, 特别是靠近毛玻璃一端2/3的地方. 给平滑铁片上的细沙加热, 细沙传热极慢, 热量集中在表层, 靠近细沙的底层空气温度上升很快, 但上层空气温度仍然很低. 这时形成底层空气温度高、密度小, 上层空气温度低、密度大的情形.

【7】 双杯移物

两个套装在一起的玻璃杯，装满水后观察景物，会出现哪些有趣的实验现象呢？

实验装置

大玻璃杯、小玻璃杯、蜡烛、纸片.

原理探究

把较小的玻璃杯放入比较大的玻璃杯中，往大杯中加水. 不能让小杯移动，不要让水面高过小杯杯口位置，通过大杯、小杯还有水组成的装置来观察蜡烛. 对大杯的位置进行调节，在此过程中蜡烛不用移动，透过大杯中的小杯能够看到蜡烛. 在大杯中左右前后移动小杯，确保大杯不移动，观察并且记录现象. 让大杯中的小杯倾斜，观察并记录现象. 用此装置观察远处的物体，如山峰或大树等，如图4.10双杯移物.

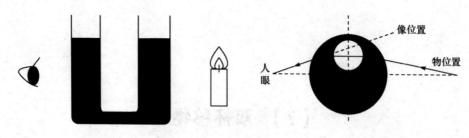

图4.10　双杯移物

　　小杯不动，发现蜡烛好像放在小杯中一样．小杯在大杯中左右前后移动的时候，看到"放在"小杯中的蜡烛也会跟着左右前后移动．让大杯中的小杯倾斜的时候，杯中的蜡烛也会跟着小杯的倾斜而倾斜．用此装置观察远处的物体，也会产生上述现象．两个杯子与杯中的水可以视为两个透镜，当小杯处于正中位置时，它们具有的效果相当于两个凹透镜；当小杯处于大杯的中间位置时，它们具有两个凹透镜一样的效果．当小杯从正中移向边缘的地方时，两个凹透镜随着小杯的移动逐渐变成凸透镜，凸透镜对于光有会聚作用，杯子前的物体发出的光折射后依然能到达人眼，此时人感觉到物体的位置随着小杯子的移动而移动．当小杯子倾斜的时候，各个截面偏离的大杯正中位置程度不一样，看到物体的各个部位偏离原本位置的程度也就不一样，人们感觉物体跟着小杯倾倒．

　　用笔在纸上画出两个反方向的箭头，将纸片竖直放好，拿出空玻璃杯放到纸片前面．往玻璃杯中慢慢倒入水，看到水漫过箭头，水杯里的箭头调转了方向．水和玻璃会使光线折射，烧杯加水之后相当于一个圆形凸透镜，会使物体的影像产生放大、缩小等现象．物体放在凸透镜的焦距以内，产生正立放大的虚像．如果物体放在凸透镜1～2倍焦距，产生倒立放大的实像，2倍焦距以外形成倒立缩小的实像．

　　在扑克牌上用针扎两个相距不超过3 mm的针孔，把针放在扑克牌的背后2.5 cm的地方，用单眼透过双孔观察，看到的不是一根针，而是两根．若在两孔的附近再扎第三个孔，透过这些孔观察能看到三根针．扎的孔越多，看到的针越多．适当调整扑克牌，转动或改变扑克牌距人眼的距离，这种现象更清晰．由于光的直线传播，针上的光透过不同的小孔，在人的视网膜上形成不相同的物像，出现神奇的分身术现象．

【8】 激光显微成像

趣味猜想

　　光学显微镜由一个透镜或几个透镜组合构成，用于放大微小物体以便被人们观察. 激光笔主要核心部件是激光二极管，其具有效率高、体积小、寿命长等优点，能否利用激光笔制作简易投影显微镜，观察它的放大效果呢?

实验装置

激光笔、注射器、智能手机.

原理探究

　　常见激光笔有红光、绿光、蓝光等，激光笔多用于课堂教学、天文指星、定点导向等. 如图4.11实验装置，使用器材包括支架、玻璃杯、激光笔、针筒等. 利用注射器制造一个稳定的小水珠，固定注射器距离屏幕2 m的距离，用激光笔在适当的距离照射小水珠，观察激光透过小水珠在屏幕上的投影. 当激光通过小水滴，水滴相当于一个凸透镜，准直的激光在凸透镜的作用下发散开来，在光屏上形成一个激光的光斑. 小水滴中有一些微小的物体，如灰尘、微小生物等，激光通过水滴时把微小物体的影子投射到光屏上，实现远距离进行显微放大的效果．通过水滴凸透镜和激光的简单组合，能够在墙壁上投影出微观物体的影像．
如果在水滴里加入墨水、糖和盐等物质，还能够显示奇妙的布朗运动现象．

图4.11　实验装置

智能手机的性能越来越强大，稍微进行一些小改造，手机也能成为轻便小巧
的显微神器．最简单的方法就是用水滴制造一个显微镜头．把手机平放，摄像
头位置朝上，用圆珠笔的笔芯尾部沾一点水小心地滴在摄像头上，水滴宽度为
0.25～0.5 cm．小心地翻转手机，不要使水滴掉落下来．现在用手机拍照，拍摄
物体的细节变得十分清晰，实现显微放大的效果．水珠是一种透明介质，水珠滴
在摄像头上，透镜的折射率放大，镜头放大倍率也相应提高．水滴越大越圆，放
大倍数就越大．2008年，美国科学家设计了一款基于手机平台的高性能显微镜，
能够拍摄皮肤感染区域的照片，也可用于观察诊断疟疾病毒，只需将血液或组织
样本置于镜头下方，照片通过邮件发送给千里之外的医生，帮助他们做出诊断．

制作手机版显微镜的步骤很简单，拿出智能手机，最好是采用触摸屏和手动
对焦的手机．利用黑色卡片等材料，在卡片上钻出一个小洞充当光圈．订购或者
制作一个直径1 mm的玻璃珠，也可用半球形透镜代替，将透镜放入光圈，使用
黑胶带将它们固定在手机摄像头上，调整位置使透镜处在取景器的正中央．

Blips是一个简易的手机外挂镜头，只有一张贴纸的厚度．使用起来也非常
简单，只需贴在手机或平板的镜头上，让手机秒变微距相机，拍出各种显微状态
下的照片．微距镜头常规版厚度只有0.5 mm，能放大物体6～15倍，拍出高清的
微距相片．微距镜头加强版能放大物体15～20倍，显微镜头厚度约1.2 mm，能捕
捉到1/300 mm的细节．超显微镜头能够放大物体60倍，Blips适配各种带摄像头
的设备，手机或平板都可以，只需将它像银行卡一样放在钱包里．

【9】 消失的全反射

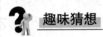

趣味猜想

全反射是指光由光密介质射到光疏介质的界面时，全部被反射回原介质内的现象.尝试用激光照射透明的亚克力板，是否也会产生全反射现象？

实验装置

激光、亚克力板、硬币、玻璃杯等.

原理探究

如图4.12全反射实验装置，当入射光角度大于临界角时，会有全反射的现象发生.实验中原先折射环境是亚克力介质到空气介质，后来的折射环境转变为亚克力介质到水介质，这两种情况的临界角是不同的，故全反射会消失.亚克力到空气的临界角为45°，亚克力到水的临界角为70°.入射角度为45°～70°，把空气换成水，原先空气的全反射现象消失.

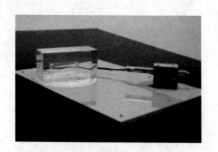

图4.12　全反射实验装置

　　将玻璃杯装满水，把它盖在桌面上的硬币上，发现硬币消失了．在玻璃杯的底部边缘倒入水后，硬币又会再度出现．空的水杯可以直接看到杯底下的硬币，当杯子装水后，由于水的折射率大于空气的折射率，光在两介质交会处发生全反射，光线无法由水进入空气，然后被观测者的眼睛接收，硬币就像是消失了一样．在杯子底部倒水时，两介质的交汇处变远，光线由水进入空气的入射角变小（小于临界角），可以透过折射让外界的观察者看到，于是硬币重新出现．

【10】　三原色光混合

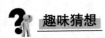
趣味猜想

　　三原色是指色彩中不能再分解的三种基本颜色，包括红、绿、蓝三种色光. 能否制作三原色光源，探索不同颜色混合的效果呢？

实验装置

　　灯泡、电阻、圆纸筒等.

原理探究

　　三原色光源可以自制. 将三个小灯泡分别放在三个圆纸筒中，圆纸筒的一端分别包有红、绿、蓝三种颜色的玻璃纸，小灯泡发光，透过玻璃纸即得到红色、绿色和蓝色的光. 将三个圆纸筒排成品字形插在暗箱内，与光源相对的暗箱另一端装半透明的图纸，作为光屏. 调整三个灯泡的位置和圆纸筒插入暗箱的长度，每个光源发出的光照到半透明的纸屏上形成三个等大并有一部分互相交叠的圆形光斑图案，如图4.13实验装置.

　　为了减小其他杂散光线的干扰，将箱子内壁涂黑色，半透明的纸屏四周加框. 将三个灯泡串接滑动变阻器后接到电源上，调节变阻器的阻值，改变照到半透明纸屏上三个单色光的相对亮度，使得屏上三色重叠处的颜色呈白色. 依次只接通一个灯泡，使得屏上先后出现三个颜色分别是红色、绿色和蓝色的圆形光斑. 先后接通两个灯泡，屏上得到两个圆形光斑，并有一部分相重叠. 红光和绿光相交叠得到黄光；红光和蓝光相交叠得到紫光；绿光和蓝光相交叠得到青色光. 同时接通三个灯泡，在图案的中央红光、绿光和蓝光相交叠，得到白光.

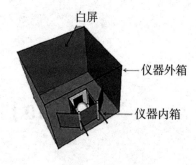

图4.13　实验装置

另外一种三原色合成实验仪器制作方法是用红光、绿光和蓝光电筒组成，3支电筒按一定的角度架设在底板上，使3支电筒打出的光显示在白屏上，灯光的重叠部分形成不同的颜色，将三原色合成的过程和结果显示出来. 在壳体的一个面的上半部设有圆筒形灯罩，在灯罩内的线路板上装有红、绿、蓝发光二极管，发光二极管布置在等边三角形的3个顶点上，在壳体的另一面安装有3只可以分别控制某个发光二极管的电源开关，仪器采用干电池供电，具有体积小、成本低、使用寿命长的特点.

【11】 眼睛的错觉

趣味猜想

俗话说："耳听为虚，眼见为实"，但有时眼睛也会欺骗大脑，产生各种奇怪的错觉. 让我们看看生活中存在哪些不易觉察的眼睛错觉吧.

实验装置

彩色图案、尼龙纱巾、手电筒.

原理探究

眼睛错觉的一个著名例子是月亮（或太阳）错觉：地平线上的月亮，看起来比头顶中的月亮大一些，如图4.14月亮错觉，我们观察地平线天空时，视觉上认为空间是按地面平行线方向延伸到远处，仰望头顶天空时，认为空间是以眼为中心的视线方向延伸. 这类似视线与地面成一定角度，观察公路远近路面的情况：视线以一定角度观察路面时，路面视觉宽度随视距增加而变窄的程度较小，地平线附近的太阳看起来就会相对较大. 观察头顶天空和月亮时，类似于视线与路面方向重合时，观察公路远近路面的情况：视线与路面方向重合，看到的路面视觉宽度随视距增加而变窄的程度较大，头顶天空中月亮看起来显得较小.

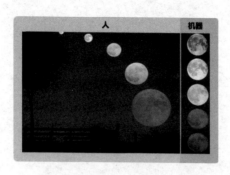

图4.14   月亮错觉

产生眼睛错觉原因是多方面的，除来自客观刺激本身特点的影响外，还有观察者生理和心理的原因．这不仅与感觉器官的机构和特性有关，还和我们生存的条件以及生活经验有关．例如在颜色知觉中，每一种颜色都有它相应的互补色．红和绿是一对互补色，黄和蓝也是一对互补色，其他颜色也都各有其相应的互补色．黑和白也有互补关系．如果互补色两者同时呈现在一个画面上，会显得分外鲜明．如果在周围充满一种颜色刺激，无刺激的空档处会产生互补色的感觉，从而产生无中生有的错觉．

眯起眼睛对着较为明亮的地方注视几秒钟，发现眼前有透明状的漂浮物缓慢移动，会随着眼球的转动而改变位置．眼球被坚韧的巩膜（眼白）包围着，巩膜前端是透明的角膜．眼球内层由脉络膜及视网膜覆盖着，眼球内近角膜处悬着水晶体，水晶体前有虹膜，角膜与水晶体之间装满房水．当看近物时，这组肌肉令水晶体的弧度变得较弯，厚度增大，屈光度增加，影像清楚地投射在视网膜上．看远景时水晶体的弯曲度减低，前表面变得较为扁平，屈光度数亦相应减低，影像清晰地投影在视网膜上．

看到类似毛发一样的圆圈图案，是一种视觉假象．光线射向视网膜感光细胞的路途中，要通过红细胞，每个膨胀的红细胞直径约为8 mm，光通过红细胞时发生衍射现象．如果光通过单独一个红细胞，在视网膜上形成衍射图案是同心的明暗相同的纹环；如果是几个红细胞连接在一起，衍射图案成为长条形．该图案和红细胞离开视网膜的距离有关系，距离远的图案大而且迷糊，由此看不清楚，距离近的衍射图案小，但是比较清楚．

准备一块尼龙纱巾和一把手电筒，在黑暗的环境中，透过单层纱巾观察数米远的手电筒灯光，灯光呈十字形向四周辐射，光芒是圆弧形的彩色虹带，内紫外红．把纱巾叠成两层，透过纱巾去观察手电筒灯光，灯光呈现米字形的辐射，彩虹是以电珠为中心的同心圆. 光具有波动性, 透过窄缝去观察灯光时, 由于光的衍射就会观察到彩色条纹. 纱巾对白炽灯光来说相当于一个衍射光栅, 实质上是一个复杂的多缝衍射. 当光波透过纱巾时, 每一细丝上都会发生衍射, 条纹相互叠加, 带有彩虹的辐射条纹比单缝衍射明显得多. 改变织得较密（或较稀）的纱巾, 或者改变观察点与光源的距离, 彩虹带的宽度也会变化.

　　人的每一只眼睛都有一个盲点, 如果图像落到盲点上, 就看不到图像. 在纸上做两个相距8 cm的记号, 在一个记号处画一只猫, 在另一个记号处画一只老鼠. 用一只手捂住左眼, 拿着纸慢慢朝自己移动时, 目不转睛地盯住猫, 老鼠就会突然消失；然后捂住右眼, 试着盯住老鼠, 猫就会突然消失.

　　作为一个简化实验, 如图4.15眼睛盲点, 把图片放在距离右眼（需要闭上左眼）大约20 cm的地方, 用右眼盯着看图上左方的那个黑叉, 慢慢地把图片移近眼睛. 当移到一定距离的时候, 图中右方两个圆环交叉处的大黑点会完全消失, 也就是说眼睛却不能看见大黑点, 但是左右两个圆圈仍旧看得很清楚.

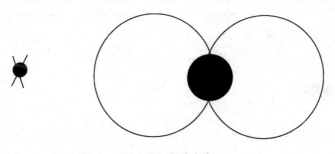

图4.15　眼睛盲点

【12】 光盘制作光谱仪

趣味猜想

　　光谱仪能够将成分复杂的光分解为光谱线，主要结构包括棱镜或衍射光栅等.能否利用废弃的光碟制作简易光谱仪，观察光的分解现象呢?

实验装置

　　光碟、强光手电筒.

原理探究

　　在黑暗的地方手持碟片靠近平整洁白的墙壁，用强光手电筒照射碟片光亮的一面，旋动碟片使光反射到墙壁上，光碟反射的光近似于彩虹，十分绚丽夺目.侧面或背对着墙壁，把手中光盘的光亮面面对墙壁，打开手电筒照射光盘的光亮面，形成扇形彩虹.调整电筒的角度，让光线照射到光盘的中央，形成环形彩虹.

　　光盘是一种用激光束刻录和读取信息的圆形盘片，由基板、记录层和保护层构成.基板选用具有较好光学性能和机械性能的材料，如有机玻璃、模压聚合物等.记录层是附着在基板上的薄膜，所用介质主要有光刻胶、金属薄膜、色素薄膜、光磁材料. 保护层是直接覆盖在记录层表面上的透明聚合物. 光盘表面有细密的一圈圈纹路, 这些纹路凹点宽度为0.6 mm, 长度为0.9~3.3 mm, 深度约为0.12 mm, 两螺旋轨道的距离为1.6 mm. 光在传播过程中, 遇到与波长相差不大的障碍物或小孔时, 会明显偏离直线传播的方向而发生衍射. 光盘记录层上的信息轨道尺寸大小可与可见光的波长 (0.77~0.4 mm) 相比拟, 反射光在贴近记录层传播的过程中遇到轨道密纹, 很容易产生衍射现象, 衍射范围从光盘中心向外不断扩延. 凹凸不平的轨道密纹使得保护层形成一种各处厚度不均匀的透明薄膜, 可见光在保护膜上下表面分别反射产生薄膜干涉, 形成彩色条纹.

　　光谱学是光学的重要分支, 它对建立量子力学、分析物质结构、了解天体奥秘都是十分重要的方法. 光谱仪是研究光谱的最重要、最常用的仪器. 光盘有分光的作用, 可根据光盘的分光作用制作光盘光谱仪. 光谱仪主体为黑色长方体外壳, 前端开有狭缝, 狭缝宽度约为0.05 mm. 仪器中间偏后部与观察方向呈45°插入一小块矩形光盘片, 光盘片由光盘上靠外部分切取, 在光盘光谱仪上方开一矩形小窗, 作为观察窗, 如图4.16光谱仪. 由于狭缝较窄, 有时入射光强不足, 可在狭缝前平行放置一个口径较大的凸透镜, 使狭缝正好位于该透镜的后焦面为宜. 使用光盘光谱仪观察一般光源的光谱, 可直接观察而不必加前端透镜. 观察时将眼睛贴于观察窗前, 狭缝对准光源方向. 上下移动光谱仪的方向使观察到的光谱最亮最清晰, 也可将数码相机置于观察窗前拍摄光谱.

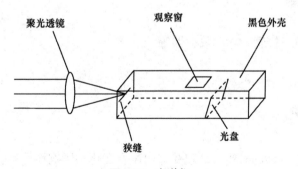

图4.16　光谱仪

【13】 激光窃听器

趣味猜想

　　窃听是一种获取情报的手段，现代窃听手段更是先进，包括窃听通话、监控网络、侵入手机和电脑等．能否利用激光制作模拟窃听器，了解窃听的基本原理和工作过程呢？

实验装置

　　激光、光电二极管、功率放大器等．

原理探究

　　房间里有人谈话的时候，玻璃受室内声音变化的影响而发生轻微的振动，从玻璃上反射回来的激光包含室内声波振动信息．人们在室外用专门的接收器接收，解调出声音信号，监听室内人的谈话．激光是一种频率极纯、极高的电磁波，方向性好，照射和反射的能量集中，解调并不困难．解调反射激光的基本原理与收音机收听广播的原理是相似的．高级激光窃听器工作在不可见的红外波段，能从大于100 m的地方进行窃听，不会被对方发现．所用的接收器可以自己装配，用光电三极管作敏感元件．接收器由前置放大级、放大级和测量电路组

成．耳机由放大级输出的部分功率驱动，再配以军用瞄准具，可以提高瞄准的精
度，如图4.17激光窃听器原理．

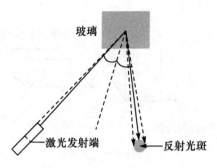

玻璃

激光发射端

反射光斑

图4.17　激光窃听器原理

　　发射激光束入射到目标玻璃上，实验选用波长为650 nm．功率为30 mW的激
光发射器．接收端的主要功能是光电转换和无失真地放大电信号．以下是一个
简单的信号处理电路框图，光电二极管将光信号转变为电信号，它输出的交流
信号非常微弱，需要经过放大和滤波等环节，才能比较好地将声音信号还原输
出．光电二极管输出信号的幅度很小（mV），需要进一步放大才能驱动扬声器发
声．由于对信号放大倍数和驱动能力较强，对信号进行前置放大和功率放大，其
中前置放大的主要功能是将信号幅度放大（约1 000倍），功率放大是提高其驱动
能力．前置放大电路采用常见的集成运放LM324，工作在双电源模式，放大倍数
为1 000倍，带宽为50 kHz，末端为简单的一阶RC低通滤波器．功率放大采用低
电压音频功率放大器LM386，其增益在20～200倍可调，带宽为50 kHz．此电路
对低电压信号的放大效果良好，驱动能力强，输出信号可直接驱动扬声器．当入
射角为30°时，实现3～10 m的窃听，在入射角为5°～70°的范围实验，但效果稍
次，接收到的声音比较清晰，低音比较重，主要是因为低通滤波器的滤波性能不
理想．

　　作为一个简化的激光窃听器，如图4.18窃听器实验，用一个有玻璃（镜子）
窗的木箱模拟房屋，将激光照射在玻璃或镜子上，玻璃将激光束反射并照射到硅
光电池上．在箱内放一部收录机，当收录机放音时，声波使木箱上的玻璃产生振
动，反射的激光束的光斑也随之发生振动，反射的激光光束带有了收录机的声波
信息．振动的光斑照射在硅光电池上，光点面积也发生相应变化．调节硅光电池
的接收面与光束之间的夹角，使光斑振动时照射在硅光电池上的光斑面积发生相

应改变, 引起硅光电池输出电压发生变化, 再把这个变化的电压经放大器放大后输入扬声器, 就能还原收录机里发出的声音.

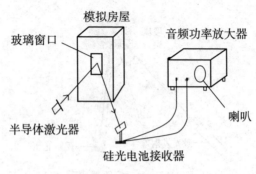

图4.18　窃听器实验

参考文献

[1] 李耀俊，杨杰. 斯特林发动机的应用与能源科学教育[J]. 大众科技，2012，14（12）：79-81.

[2] 李耀俊，黄明超. 我们为什么会误读亚里士多德[J]. 物理教师，2017，38（9）：77-78.

[3] 李耀俊，任树榆，杨杰. 上浮的柠檬片[J]. 物理教师，2018，39（6）：44-45.

[4] 李耀俊，杨杰. 趣味气球探究实验四则[J]. 中学物理教学参考，2017，46（Z1）：55-57.

[5] 李耀俊，杨杰. "爱因斯坦玩具"的启示与思考[J]. 物理教师，2016，37（12）：86-88.

[6] 李耀俊. 开展趣味电磁学实验[J]. 物理教学，2010，32（8）：21-25.

[7] 李耀俊. 用钕硼磁铁演示电磁感应实验[J]. 物理教学，2010，32（11）：24-26.

[8] 李耀俊，任树榆. 飞机升力的认识误区[J]. 物理教师，2018，39（10）：71-72，75.

[9] 李耀俊. 趣味探索物理实验四则[J]. 物理教学，2009，31（12）：28-31.

[10] 李耀俊. 电磁炉探索性实验[J]. 物理教学，2009，31（1）：26-27.

[11] 李耀俊，杨福昌. 2010年诺贝尔物理学奖启示[J]. 物理教学，2011，33（8）：62-63.

[12] 李耀俊，汤彩红. 日光灯趣味探究实验5则[J]. 物理教师，2013，34（6）：55-56.

[13] 李耀俊. 文艺复兴时期的开普勒[J]. 现代物理知识，2003，（6）：59-60.

[14] 李耀俊．虞海田开展斯特林发动机探究活动[J]．中学物理，2013，31（13）：2．

[15] 李耀俊，任树榆，杨杰．利用蜡烛开展趣味探究活动[J]．中学物理教学参考，2019，48（08）：24-25．

[16] 高志冬，全美盈．人体中的伯努利方程[J]．大学物理实验，2006，2：4-6．

[17] 张颖．旋转浮沉子[J]．物理实验，2000，03：25．

[18] 杨新明．逆风行驶的演示实验[J]．物理实验，2002，06：25．

[19] 刘凯．帆船逆风前行的物理原理剖析[J]．吉林广播电视大学学报，2018，3：15．

[20] 侯晓光．逆风车的实现[J]．物理实验，2006，2：42-44．

[21] 周金蕊，尹晓冬．康普顿早期验证地球自转的"水管"实验[J]．物理实验，2012，7：30-33．

[22] 历凌霄．谈"倒流壶"与"阴阳壶"的设计[J]．设计艺术研究，2018，3：46-50．

[23] 冀炜．马格努斯滑翔机在不同旋转方向下的运动成因[J]．科技，2016，5：13-14．

[24] 薄春卫，孔祥明．蛇摆的研究与制作[J]．物理实验，2012，4：27-30．

[25] 秦风，黄学东．声悬浮现象的研究[J]．物理实验，2006，6：42-44．

[26] 白赫．低频驻波声悬浮仪器的设计与定量研究[J]．物理与工程，2017，7：80-82．

[27] 吴善杰，冯翠菊．设计性实验——锥体上滚的研究[J]．华北科技学院学报，2007，4：101-102．

[28] 沈长军．巧造水火箭[J]．物理实验，2007，11：33-34．

[29] 吴志贤．关于"鱼洗"振动现象的探讨[J]．物理实验，1992，6：261-263．

[30] 蒋保纬，沈绍权．中国鱼洗喷水原理研究[J]．杭州师范学院学报，1985，3，41-47．

[31] 林春丹．巧用智能手机做偏振光实验和超重失重实验[J]．物理实验，2017，9：16-19．

[32] 祝瑞琪．人们对单极感应的认识[J]．大学物理，1987，6（1）：1-5．

[33] 祝瑞琪．对单极感应的几种解释[J]．物理通报，1984，2：7．

[34] 范淑华．论单极感应现象[J]．大学物理，2007，6：15-17．

[35] 门峰. 磁动力小火车的驱动原理[J]. 中学物理教学参考, 2015, 44（7）: 7-8.

[36] 王明超. 磁力小火车的实验与影响因素分析[J]. 自动化应用, 2016, 4: 4-5.

[37] 李为民. 巧用感应圈做电磁波演示实验[J]. 中国教育技术装备, 2004, 5: 30.

[38] 杨晓峰. 令人惊奇和充满遐思却只需经典物理知识的实验[J]. 大学物理, 2011, 10: 13-15.

[39] 何述平. 富兰克林轮演示实验的扩展[J]. 物理实验, 2006, 4: 34-37.

[40] 阎金铎, 郭玉英. 中学物理教学概论[M]. 北京: 高等教育出版社, 2009.

[41] 刘炳升, 冯容士. 中学物理实验教学与自制教具[M]. 上海: 上海教育出版社, 2000.

[42] 寇敏, 吴伟. 趣味静电小实验[J]. 物理实验, 2014, 9: 17-19.

[43] 谢永, 王锐. 自制静电轨道[J]. 物理实验, 2017, 7: 21-22.

[44] 刘晓龙, 韦宗慧. 磁流体制备及性质研究[J]. 物理实验, 2012, 8: 6-8.

[45] 李欣阳, 顾吉林. 磁流体在非均匀磁场下的实验特性[J]. 物理实验, 2018, 3: 38-42.

[46] 姜洪喜, 杜广环. 新型趋肤效应演示仪[J]. 大学物理实验, 2006, 1: 58-60.

[47] 刘坷, 唐亚明. 束缚电荷特性的实验演示[J]. 大学物理实验, 2101, 1: 46-48.

[48] 孙佩雄, 赵君. 磁感应发电仪的制作[J]. 大学物理实验, 2013, 3: 26-27.

[49] 呼格吉乐, 邱为钢. 三角形旋转跳环[J]. 大学物理实验, 2012, 6: 57-58.

[50] 周珺. 利用气体火焰研究驻波[J]. 大学物理实验, 2016, 04: 26.

[51] 吴家宽. 希罗喷泉的制作和讨论[J]. 物理实验, 2001, 8: 25.

[52] 栗岳. 橡皮筋热机的设计和制作[J]. 周口师范高等专科学校学报, 1999, 9: 82-85.

[53] 物理通报社. 物理教具设计、制作与研究[M]. 北京: 北京教育出版社, 1994.

[54] 孙旭初，王文勋. 中学教师实用物理辞典[M]. 北京：北京科学技术出版社，1989.

[55] 张晓红. 大气压喷泉实验仪[J]. 物理实验，2018，9：62-63.

[56] 陈熙谋. 物理演示实验[M]. 北京：高等教育出版社，1982.

[57] 王秉超. 普通物理演示实验新编[M]. 北京：高等教育出版社，1997.

[58] 张春斌，王妍琳. 热传递可视化实验设计[J]. 物理实验，2018，5：62-63.

[59] 袁青鑫，吴鹏. 磁性液体沉浮演示仪[J]. 物理实验，2011，1：20-22.

[60] 房若宇. 创新性模拟海市蜃楼现象[J]. 大学物理实验，2017，6：34-36.

[61] 李宗明. 陈振鹏. 模拟海市蜃楼[J]. 物理实验，1985，1：10-13.

[62] 母国光. 光学[M]. 北京：高等教育出版社，1985.

[63] 聂剑军，谢明生. 依据全反射棱镜功能自制"变脸魔术"教具[J]. 物理通报，2013，12：10.

[64] 翟爽，侯恕. 神奇的"变脸"魔术[J]. 物理教师，2014，11：5.

[65] 王宇航. 光盘光谱仪的原理制作及应用[J]. 物理实验，2007，1：42-44.

[66] 倪闽景，刘贵兴. 自主物理实验[M]. 上海：上海教育出版社，2007.

[67] 甯青松. 激光窃听实验探究[J]. 物理实验，2009，12：38-41.

[68] 王晓颖，赵振明. 无线激光通信音频传输实验[J]. 物理实验，2008，7：5-8.

[69] 魏勇. 3种太阳能动力磁悬浮演示仪器[J]. 物理实验，2018，1：43-47.

[70] 高振金，唐恩辉. 金属网的静电屏蔽效果[J]. 物理实验，1994，16（3）：138-139.

[71] 沈亦红. 旋转过程中的超重与失重实验设计[J]. 物理与工程，2005，4：32-34.

[72] 徐菁华，姜源，孙维民，等. 利用钕铁硼磁体制作单极电动演示仪器[J]. 大学物理实验，2010，23（02）：59-60.

[73] 王悦，裴悦，张贵富，等. 电动小马达原理分析[J]. 高师理科学刊，2017，37（11）：4.

[74] 何桂明，汤彩红，伍思健. 趣味微波炉演示实验8则[J]. 中国教育技术装备，2013，（05）：106-107.

[75] 张堤．几个有趣的尖端放电实验[J]．教学仪器与实验，2007，（05）：25-26.

[76] 杨德强，潘锦，陈波．电磁波教学创新实验[J]．实验室研究与探索，2009，28（04）：253-255.

[77] 刘万强，孙贤明，王海华．电磁场与电磁波实验教学的探索与实践[J]．大学物理2012，31（12）：27-29+41.

[78] 潘彩娟，覃焕昌，黄红强．电磁炮基本原理的教学与实验模拟[J]．广西民族学院学报（自然科学版），2002，（04）：74-76.

[79] 任树榆．趣味静电复印成像实验[J]．中国教育技术装备，2018，（14）：130-131+136.

[80] 黄文，龚义宸．趣味高压静电实验的制作与研究[J]．中国教育技术装备，2017，（20）：124-125.

[81] 冉隆寿．可用硬币做的物理实验[J]．物理教学探讨，2006，（03）：3.

[82] 高振金，唐恩辉．金属网的静电屏蔽效果[J]．物理实验，1996，（03）：2.

[83] 胡蓉．一种演示电磁波的有效方法[J]．物理教师，2009，30（11）：17.

[84] 彭友山．光电效应和电磁波演示实验的改进[J]．教学仪器与实验，2004，（09）：23～24.

[85] 何卫国．如何用感应圈做电磁波演示实验[J]．物理通报，2006，（02）：60-61.

[86] 谌华波．利用感应圈做电磁波演示实验[J]．中国教育技术装备，2006，（02）：25-26.

[87] 路峻岭，郑鹤松，晏思贤，等．永磁体同性磁极相吸现象的研究[J]．大学物理，2005，（09）：42-43+56.

[88] 张驭鹏．一种简单的给人体带电的方法[J]．教学仪器与实验，2007，（02）：19.

[89] 陈俊华．电感式接近开关的实验应用三例[J]．物理实验，2011，31（03）：29-30.

[90] 朱峰，郑好望，梁红军．电吉他的工作原理[J]．现代物理知识，2004，（04）：44.

[91] 黄文，龚义宸．趣味高压静电实验的制作与研究[J]．中国教育技术装备，2017，（20）：124-125.

[92] 黄志雷，王越．圆柱形磁铁在金属管中的下落时间[J]．物理与工程，

2013, 23（01）: 18-20.

[93] 杨玉光, 潘学方. 温差电现象物理教学演示仪[J]. 大学物理实验, 2004,（03）: 42-43.

[94] 薛成. 用漆包线制作小容量电容器[J]. 电子制作, 1999,（10）: 16.

[95] 刘珂, 唐亚明. 束缚电荷特性的实验演示[J]. 大学物理实验, 23（01）: 46-48.

[96] 唐亚明, 葛松华. 极化电荷与自由电荷之间区别的演示实验[J]. 物理与工程, 2009, 19（05）: 33-35.

[97] 姜洪喜, 杜广环. 趋肤效应演示仪器的设计[J]. 大学物理, 2005,（08）: 51-52.

[98] 杨晓峰. 一个令人惊奇和充满遐思却只需经典物理知识的实验[J]. 大学物理, 2011, 30（10）: 22-24+41.

[99] 赵朝林. 如何判别层流和湍流[J]. 大学物理, 1993,（07）: 16-17+20.

[100] 黄钊. 玩具激光器在薄膜干涉和布朗运动实验中的巧用[J]. 物理实验, 2005,（01）: 35-36.

[101] 王振东. 奇妙的非牛顿流体[J]. 力学与实践, 1998,（01）: 3.

[102] 周珺. 气体火焰驻波在低频段熄火的研究[J]. 物理实验, 2016, 36（02）: 23-25.

[103] 赵明伟. 液体的莱顿弗罗斯特效应及贝纳德对流试验研究[J]. 物理与工程, 2017, 27（02）: 42-46.

[104] 曹厚勇. 风暴瓶预测天气准确性的研究[J]. 安庆师范大学学报（自然科学版）, 2017, 23（02）: 85-87.

[105] 康良溪. 小实验荟萃[J]. 教学仪器与实验, 2004,（08）: 24-25.

[106] 何旺强. 将生活资源融入物理课堂[J]. 中小学实验与装备, 2012, 22（04）: 1617.

[107] 王平. 声音"吹灭"蜡烛[J]. 农村青少年科学探究, 2010,（02）: 17.

[108] 陈玥. 振荡"星形"水滴的实验研究[J]. 物理实验, 2017, 37（11）: 36-40.

[109] 张变兰. 声音"吹灭"蜡烛[J]. 中学课程辅导（八年级）, 2005,（12）: 51.

[110] 黄景妹. "姆潘巴"现象分析述评[J]. 物理通报, 2014,（08）: 103-106.

[111] 刘万强. 用肥皂膜表演的四个实验[J]. 物理教师，2007，（08）：31.

[112] 麻艳华，覃园园. 全息投影的简易制作及探究[J]. 中国教育技术装备，2016，（18）：31+36.

[113] 张婉婷. 多媒体技术在大学英语教学中的运用[J]. 中国教育技术装备 2016，（18）：34-36.

[114] 杨杰，庞诗云. 趣味显微镜演示实验[J]. 中国教育技术装备，2014，（19）：117-118.

[115] 陈文文. 如何演示海市蜃楼[J]. 云南教育（中学教师），2008，（01）：34.

[116] 蔚蓝. 城市科学节特色活动案例[J]. 中国科技教育，2015，（09）：15-17.

[117] 苏玉. 在实验室中观察海市蜃楼[J]. 中学物理，2003，21（12）：28.

[118] 魏勇. 3种太阳能动力磁悬浮演示仪器[J]. 物理实验，2018，38（04：43-46.

[119] 王宇航光盘光谱仪的原理制作及应用[J]. 物理实验，2007，（01）：42-44.

[120] 吕元. 机翼升力原理演示器的创新设计[J]. 物理通报，2017，（09）：84.

[121] 任炳杰. 傅科对"地球自转"的实验研究[J]. 物理教师，2018，39（04）：66-68.

[122] 倪水平. 高速文档自动录入机控制及USB接口的设计[D]. 重庆：重庆大学，2004.

[123] 严格. 柔性版印刷工艺[M]. 北京：印刷工业出版社，2008.

[124] 宗绪锋，崔奎勇. 多媒体实用技术基础教程[M]. 北京：中国电力出版社，2006.

[125] 陈磊. 吉他大师公开课（33）[J]. 乐器，2019，1：86-87.